便携型/移动性人工智能进化论
——未来的无人驾驶与交通服务

[日]理特管理顾问有限公司 著　张瑞林 译
Arthur D. Little Japan, Inc.

中国青年出版社

序

现在，汽车行业正处在百年一遇的巨大变革期。在本质上，这个变化将不再局限于汽车内部的技术变化，还将带来包括周边产业的整个价值链的重建。我们需要特别关注以下四种变化（**图1**）。

第一种是汽车"制造方法"的变化。这种变化包括以产业链上流的革新为起点、由多种材料的轻量化所带来的汽车的轻量化，以及通过革新数字工程技术而正在实现的模型开发等。

第二种是动力传动系统的变化，即汽车的动力系统将从以内燃机为主的动力系统向由电池和马达组成的电动系统进化，或者向燃料电池等对环境低负荷的动力系统进化。

第三种是"人和社会的界面"的变化。这种变化包括关联化，即汽车通过通信设备与车外的信息网络相连，并由此产生各种附加服务。这种变化还包括自动驾驶技术的进化等，而在自动驾驶技术的进化中，则蕴藏着

图1 汽车行业的四个变化

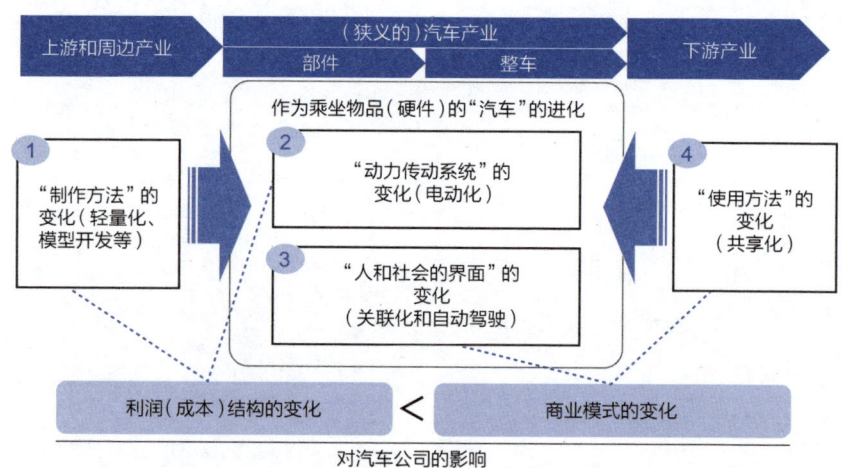

最终实现无人驾驶的可能性。

第四种是"使用方法"的变化，即由于共享汽车和拼车等新型移动出行服务的兴起，汽车的价值将从"拥有"向"使用"转化。

在这四种变化中，前面两种变化将成为大的技术性的拐点。从汽车制造厂商（整车制造厂商）的立场来看，变化的主要影响在于在汽车的开发、生产和销售这种既存的商业模式中，利润（成本）结构将发生变化。另一方面，后面两种变化则蕴藏着从前的商业模式发生根本性变化的可能性，在从前的商业模式中，整车制造厂商通过开发和生产汽车而获取利润。在这点上，后面两种变化更有可能成为愈发不连续的和破坏性的变化。

由于后面两种变化是不连续的，所以很难预测它们的未来。换句话说，通过改变前提条件的设定方法，可以描绘出各种各样的未来。

在可能会成为不连续变化的"人和社会的界面"的变化和"使用方法"的变化当中，"自动驾驶"和次世代型"移动出行服务"中长期可能会带来巨大的商业模式的变化。在本书中，我们将特别关注"自动驾驶"和次世代型"移动出行服务"，描绘它们的普及过程，并对它们将给既存行业带来的影响做出评价。

"自动驾驶"和次世代型"移动出行服务"之所以特别重要，是因为它们并不是相互独立地进化和普及的，而是在相互融合时最有可能产生不连续的变化。那么，这种融合将以怎样的形式出现呢？

我们需要从两个视点来考虑自动驾驶和次世代移动出行服务相互融合的过程（见下一页图2）。第一个是从汽车行业（整车制造厂商）的视点来看，这种融合是技术上的自动驾驶技术的进化。到目前为止，汽车的操作全靠驾驶员的驾驶技术，而随着搭载ADAS（先进驾驶辅助系统）汽车的增多，ADAS将与驾驶员进行合作，成为驾驶技术的一种补充，从而让移动出行更安全快捷。

我们可以设想出这种情景，未来随着ADAS技术的进一步进化和高度化，最终即使驾驶员不进行操作，汽车也能自动行驶。现在，各个汽车制造厂商都在ADAS技术的延续这个方向上进行技术开发。可以说这是以技术为起点的、微观和仰视的视点。

另一个是从行政、开发商和移动出行服务经营者的视点来看，作为社会和整个城市的交通服务系统和服务，应该怎样实现最适化。如果从交通系统·服务的提供者的立场来看，自动驾驶技术和汽车本身都是为了实现整个交通系统和服务的最适化的一种方式，这个是以市场为起点的、宏观和俯视的视点。

那么，通过将这两种视点融合，将对社会和个人产生怎样的价值和服务呢？谁又将主导这种融合？另外，这种新型融合又将具有怎样程度的区域性呢？

要回答这些问题，就不能只考虑技术性进化的方向性，而必须逐个详细地分析市场和社会中存在的各种前提条件和背景因素（**图3**）。我们还要考虑社会的需求结构，即作为原始的出发点，通过普及自动驾驶和移动出行服务，可以为社会和用户解决怎样的课题。我们还要考虑在此基础上各国政府所采取的方针的不同，以及作为前提条件的人口规模和密度等城市结构的不同。

图2 考虑"自动驾驶"和"移动出行服务"相互融合的视点

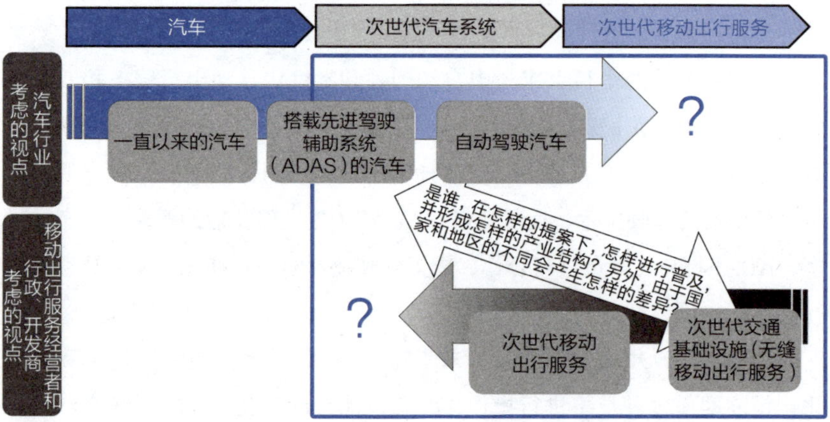

另外，从谁将成为这种新型服务的推动者的观点来看，我们还要考虑宏观产业结构和既存的交通服务的产业结构上的各国间的差异。而且，对于这些新技术和服务，最终用户将有怎样的接受程度，以及将会如何使用，在考虑普及程度时，这些也将成为重要因素。实际上这些众多的因素相互联系，并共同构成前提条件，最终自动驾驶和次世代移动出行的普及过程将根据地区的不同而有所不同。

理特管理顾问有限公司对技术有着深刻的洞察力，并具有全球性的视角，与各种各样的市场都建有广泛的联系。在本书中，我们将充分发挥理特管理顾问有限公司的组织能力，多方面考察各国的前提条件，并在考虑了各国间差异的基础上，努力做到内容充实、尽可能详细地描绘自动驾驶和移动出行服务的普及过程。然后，对于普及过程对既存的汽车产业所产生的影响，我们将在做出评价的基础上，提出如何应对这种变化的建议。

图3　普及自动驾驶和移动出行服务的前提条件

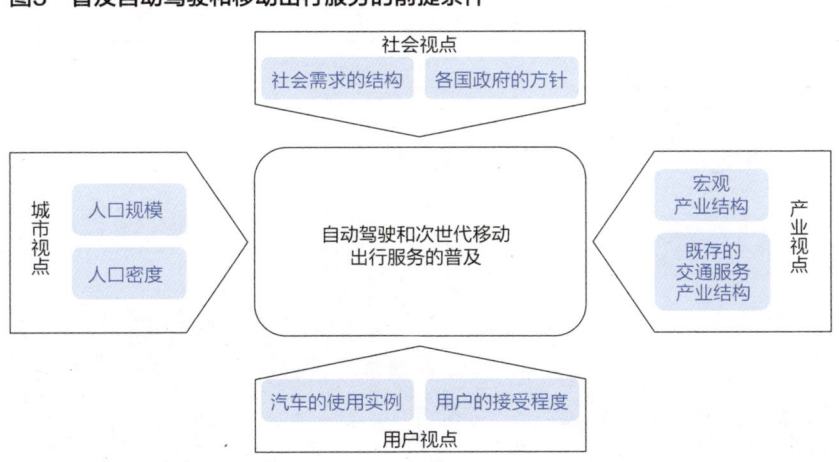

出处：理特管理顾问有限公司

5

自下而上的解决课题的能力是以现场解决问题的能力为基础的，作为日本制造业代表的日本汽车产业，以此为武器在全球市场中取得了一席之地。不过反过来看，正如很多人所指出的那样，这也意味着汽车行业不善于应对不连续的变化。在这个意义上，对于将带来商业模式的根本性变化的自动驾驶和次世代移动服务的普及，汽车行业需要特别注意这方面的动向，并且时刻做好应对变化的准备。

　　不过，事实上，自动驾驶和次世代移动服务的普及将受到社会性和技术性的制约，而一味地增加对将来的不安，将不能促进任何生产。另外，如果要让自动驾驶和次世代移动服务对社会基础设施的交通系统进行刷新，那么就需要让各个利害关系人都参与进来，并耐心地达成共识。如果本书的内容能够推动这样脚踏实地的讨论，我们将深感荣幸。

移动出行进化论
谁将改变自动驾驶和交通服务

C O N T E N T S

第 1 章

通过交通系统解决社会的课题和需求

汽车产业所处的环境正在发生巨大的变化。虽然日元的汇率正从高水准回到低水准，然而在世界局势中又出现了一些令人担忧的问题，例如由于英国脱欧（Brexit）而引起的欧盟（EU）动摇，以及由于特朗普的上台而带来的美国贸易政策的风险等。不过跟这些问题相比，更引起关注的应该还是自动驾驶、共享汽车和拼车等移动出行服务将对汽车产业所产生的影响。

在本书中，对于构建次世代移动出行服务和交通系统的过程中的各个方面，即宏观层面的各国的社会结构和产业结构，以及微观层面的各个企业的经营结构和技术开发走向等，我们将进行多方面的考察。同时，还将考察各个地区的普及流程。我们将在尽可能客观地对各个市场的环境、引领者和制约条件等进行多方面考察的基础上，总结出富有现实意义的结论。

首先作为讨论的出发点，我们将讨论普及自动驾驶和移动出行服务的前提条件，率先整理一些特别重要的视点。在第一章中，我们将讨论"在交通系统中必须解决哪些社会课题和需求，以及在不同的国家，这些课题和需求在重要程度上又存在着什么样的差异"。

社会所需的交通系统的变革

通过自动驾驶和移动出行服务对交通系统进行变革，这种变革之所以受到期待，是因为存在着微观层面的直接需求，例如个人希望提高出行的快捷性和方便性，以及个体经营者希望改善生产性等。同时还存在着更为宏观的对解决社会课题的作用等。而这种宏观的视点，即对解决社会课题的作用之所以重要，是因为要普及自动驾驶和移动出行服务，就需要修改法律和建设基础设施，而在这方面必须要有各国政府和各级地方政府等公共部门的参与。为了让这些公共部门也积极参与其中，自动驾驶和移动出行服务就要具有意义，例如在解决社会性课题上发挥作用（**图1-1**）。

通过导入自动驾驶，最受期待的直接结果应该是"减少交通事故"。关于研究自动驾驶的根本目标，很多汽车制造厂商都提出了要实现"交通零事故"。而作为迈向这个根本目标的第一步，现在，先进安全装置，例如包括紧急制动系统等先进驾驶辅助系统（ADAS），正在迅速地普及。

另外一个跟减少交通事故相并列、备期待的结果是"减少交通拥堵"。由于交通事故的减少将带来"减少交通拥堵"的附加结果，再加上使用ADAS的前车追踪（Adaptive Cruise Control：ACC）功能，将在平均整个交通流量上发挥作用。

由于减少交通拥堵有助于"改善大气污染"和"减少二氧化碳的排放"，因此，也备受人们的期待，而"改善大气污染"和"减少二氧化碳的排放"正在成为新兴国家日益严重的问题。另外，商用车市场主要存在于

图1-1 通过自动驾驶和移动出行服务可能解决的社会课题和需求

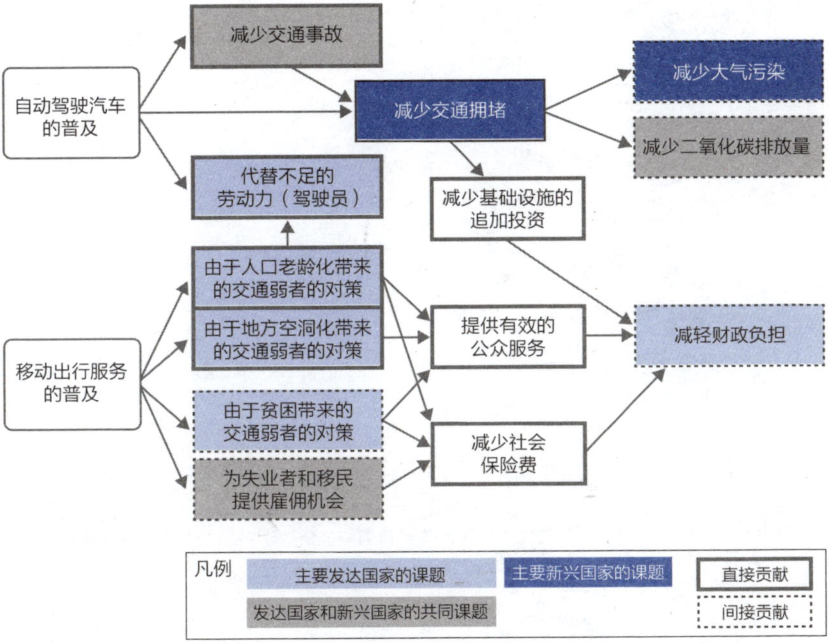

出处：理特管理顾问有限公司

运输和物流等行业，在商用车市场的"代替不足的劳动力（驾驶员）"方面发挥作用，也备受人们的期待。

另一方面，人们希望在社会课题"由于人口老龄化和地方空洞化而产生的交通弱者的对策"方面，普及移动出行服务能带来直接效果。人们希望普及移动出行服务能为那些返还驾驶执照的老年人提供出行支援，或者

图1-2　与自动驾驶和移动出行服务相关的各国的社会需求

各国的社会需求	（为了导入自动驾驶和次世代移动出行服务）各国课题的大小		
	日本	美国	
交通事故	低	中	
交通拥堵	中	中	
空气污染	低	低	
二氧化碳的排放减少	中	中	
人口老龄化	**高**	中	
对策　劳动力不足	**高**	低	
对策　失业对策	低	低	
空洞化	**高**	中	
贫困（二极化）对策	中	中	
财政重建	中	中	
以社会需求为原点的各国特点的总结	在自动驾驶和移动出行服务的社会需求中，"人口老龄化"、"劳动力不足"和"地方空洞化"的需求较大→需要具有"公众性"的解决方案	跟日本相比，不存在急需解决的课题→因此在普及的过程中，较为微观的经营者和用户的需求将成为牵引力并发挥较大的影响	

出处：理特管理顾问有限公司

14

在人口稀少的地区建立新型的交通系统。在那些人口稀少地区，由于地方空洞化的问题，现有的公共交通已经很难维持。另外，在欧美等一些发达国家，贫富不均正成为社会的不稳定因素，作为"由于贫困而产生的交通弱者的对策"，移动出行服务也受到关注。

　　以上这些都是从在需求方的立场出发，所看到的移动出行服务的作用

德国	法国	英国	中国	印度
中/低			中	高
中（主要为东欧和俄罗斯）/低			中	高
低	低	低	高	高
低	低	低	中	中
高	中	中	中	中
中→高	低→中	低→中	低	低
低	高	中→低	中	中
低	低	低	中	中
低	中	低	中	中
低	低	低	低	低

总体上，需要通过自动驾驶和移动出行服务解决的社会需求不多。
→跟其他地区相比，通过自动驾驶和次世代移动出行服务，进行交通系统革新的必然性较小

在自动驾驶和移动出行服务的社会需求中，"空气污染"对策是最大的社会需求。
→在交通拥堵严重的大城市，对驶入城市的车辆进行限制，以及实现汽车的电动化，这方面的社会需求较大

在自动驾驶和移动出行服务的社会需求中，"空气污染"和"交通拥堵和事故"的对策是最大的社会需求。
→在交通拥堵严重的大城市，对驶入城市的车辆进行限制，以及实现汽车的电动化，这方面的社会需求较大

和价值，而如果从供应方的立场来看，移动出行服务还具有"为失业者和移民增加雇佣机会"的功能。另外，作为解决社会课题的方式，跟其他行政方式相比，如果普及自动驾驶和移动出行服务具有成本上的优势，那么还能产生"减轻财政负担"的效果。

各国在重要程度上的差异

如上所述，通过普及自动驾驶和移动出行服务，对于解决社会的课题和需求，可以发挥直接或间接的作用。不过在这些社会课题和需求中，存在着哪些问题，问题的严重程度又如何，在不同的国家情况会有所不同（见P14-15图1-2）。

例如，"人口老龄化"以及随之而来的"劳动力不足"，在发达国家，并且将来在中国等新兴国家，都是共同的课题。特别是在日本，人口结构的问题正在开始显现，这个问题的出现比欧洲早了大约十年，比美国早了大约二十年，而比中国则早了大约三十年。另外，在欧美各国，到目前为止一直通过接收移民，防止出现由人口老龄化而带来的劳动力不足的问题（不过，由于英国的脱欧和特朗普政权的诞生，今后欧美各国的移民政策将发生变化，这个问题可能会较早显现）。

另一方面，即便是发达国家，也只有日本，"地方空洞化"正成为社会问题（图1-3）。从最近二十年的情况来看，日本的人口密度和人口增长率成正比关系，即在人口密度较高的大城市，人口增长率也较高，而在那些人口密度低的地区，人口数量则在不断地减少。相比之下，欧美的人口密度和人口增长率之间则不成正比关系。从美国的人口密度和人口增长率的数据中还可以看到二者成轻微反比关系（在人口密度较低的地区，出现人口增长率较高的趋势）。

第二次世界大战后，日本为了追赶走在前面的欧美各国，将人口从地方转移到东京等大城市，将人口和产业向大城市集中，并进行城市基础设

图1-3　各国地方空洞化的实际情况

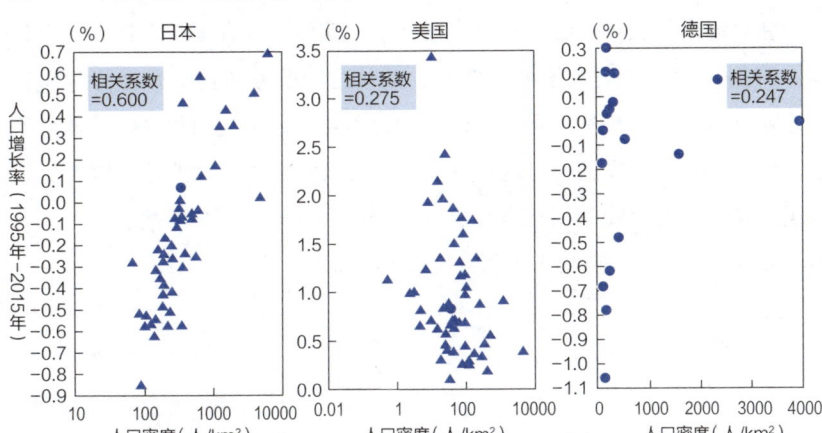

出处：以各国统计数据为基础的理特管理顾问有限公司的分析结果

施的建设，从而取得了经济发展。现在出现的地方空洞化，在很多方面正是过去成功的一种反作用，这种成功建立在后发国家特有的经济驱动模式的基础上。因此，学习日本的经验，并且在经济上取得成长的亚洲圈新兴国家，将来也有可能出现同样的现象，不过在这些新兴国家中出现这样的现象，那是将来的话题，目前这是日本才有的现象。

　　不过，虽说"减少交通事故"是各国共同的课题，然而在发达国家，通过将系安全带义务化，以及普及安全气囊等安全装置，交通事故的数量已经呈现减少的趋势。最近，普及自动紧急刹车系统等ADAS装置，成为立竿见影的解决方案。另外，如果继续普及自动驾驶，由于自动驾驶能够"减少交通拥堵"，因此，在"防止空气污染"和"减少二氧化碳排放量"等方面，也会产生效果。不过，"空气污染"和"二氧化碳排放量"在中国和印度等新兴国家更为严重。另外，要解决"防止空气污染"和"减少二氧化碳排放量"的课题，对驶入市中心的私家车进行数量限制，或者推进汽车动力传动系统的电动化等，都能成为更直接的解决方案。

由此看来，在解决宏观的社会的课题和需求上，相对而言，导入自动驾驶和移动出行服务的必然性较高的地区，实际上为日本。也就是说在日本，特别是作为社会政策的一部分，推动这些服务和技术开发的意义较大。在日本，由人口老龄化带来的劳动力不足和地方空洞化成为了社会问题，而相比之下，在欧美，这些社会问题并没有日本那样严重。因此，在欧美，牵引自动驾驶和移动出行服务普及的，将主要是更为微观的个人和经营者的需求，这一点是日本和欧美的较大差别。

第2章

各国城市结构的不同

在前面一章中，作为在普及自动驾驶和移动出行服务的前提条件中的重要视点，我们讨论了通过交通系统需要解决哪些社会课题和需求，以及在这些社会课题和需求的重要程度上，各国间存在着怎样的差异。这一章我们将对"城市结构"的各种类型和在"城市结构"上各国间存在的差异进行介绍。在导入交通系统的时候，"城市结构"可能成为物理上和政策上的制约条件。

在考虑交通系统时，从物理上的制约的观点出发，特别重要的是前提条件中的"各国具有怎样的城市结构"。具体来说，就是在考虑最适合的交通模式的时候，分布在各个国家的城市具有怎样的"人口规模（=作为人口聚集地或地区的规模）"和"人口密度"，这将成为重要因素。

图2-1 各国城市的人口规模分布情况

各国的人口分布（城市数量的比例/人口覆盖率）				
分散在小规模城市 ←				
	美国	欧洲		
		英国	法国	德国
数千万人规模				
数百万人规模	0.03%/11.2% 洛杉矶、纽约、圣地亚哥等	4.8%/8.7% 伦敦、伯明翰	1.2%/9.2% 巴黎、里昂、尼斯、马尔萨	1.2%/10.5% 柏林、汉堡、慕尼黑、汉诺威、科隆
数十万人规模	0.8%/25.0% 旧金山、密尔沃基、檀香山等	71.5%/84.9% 曼彻斯特、里斯、利物浦、谢菲而德、布里斯托尔等	58.8%/78.0% 波尔多、南特、托尔思、楠泰尔、克里泰尔、蒙贝利等	75.9%/81.1% 法兰克福、斯图加特、德累斯顿、不来梅等
数万人规模	99.2%/63.8%	27.7%/13.3%	39.3%/12.7%	22.9%/8.3%

■ 人口覆盖率最高的城市群的人口规模
■ 人口覆盖率第二高的城市群的人口规模
■ 人口覆盖率不高，但城市数量较多的城市的人口规模

出处：理特管理顾问有限公司的分析结果

按照城市结构对城市进行分类

在"人口规模"上，首先可以大致按照位数进行分类。数千万人的城市只存在于中国和印度等人口大国；数百万人的城市则相当于发达国家或者中等规模国家中的大城市；数十万人的城市则分布较广，就日本而言，地方的中心城市和大城市圈的卫星城市等是这类城市的代表；而数万人的城市则包括中小城市和镇村，人口不那么密集的地方城市占了其中的大部分。

我们将各国的各个地区及居住人口按照人口规模进行分类（**图2-1**）。在美国，居住在数万人规模的城市的人口占全体的六成以上，与其说超过一半的人居住在城市，还不如说居住在农村。不过，在欧洲，居住在数

集中在大城市 →

日本	中国	印度尼西亚	印度
	0.2%/6.2% 重庆、上海、北京、成都、天津、广州、保定、哈尔滨、苏州、深圳、南阳、石家庄等		0.5%/3.1% 德里、塔纳、北方24邦
0.7%/22.5% 东京二十三区、横滨、大阪、名古屋、札幌、神户、京都、福冈、川崎、埼玉、广岛、仙台	9.0%/28.4% 武汉、邯郸、温州、潍坊、周口、青岛、杭州、郑州、徐州、西安、南京等	13.0%/47.2% 雅加达、玛琅、茂物、万隆、坦格朗、苏加武眉、泗水等	70.0%/89.3% 班加罗尔、马哈拉施特拉邦、斋普尔、南方24邦等
71.4%/75.6% 八王子、千叶、船桥、相模原、新泻、浜松、冈山、川口、熊本、北九州等	19.0%/17.3% 七台河市、秦皇岛、邢台、张家口、阿坝藏族羌族自治州等	72.0%/50.8% 登巴萨、万隆、打拉根、三宝垄、巴丹岛、卢布林高等	26.0%/7.5% 曼迪、莫亚、查拉库、班加罗尔、拉雅卡达等
28.0%/1.9%	71.8%/48.1%	14.8%/2.0%	3.4%/0.1%

百万人规模的城市的人口和居住在数万人规模的城市的人口，都只占全体的一小部分，人口都集中在数十万人规模的中等规模的城市。日本与欧洲相同，3/4的人口集中在数十万人规模的城市，不过，超过二成的人口居住在数百万人规模的大城市。

另一方面，在中国、印度尼西亚和印度等新兴国家，人口向首都圈等大城市集中的程度要高于发达国家。

作为更加详细的边界值，也可以将"100万人"和"30万人"作为单位。100万人规模的话，在日本，也是政令指定城市的标准的人口规模（最近规定有所放宽）。即使放眼世界，一个地区的人口规模超过100万人的城市，除了中国和印度等人口大国，一般都是各国的首都，以及几个零星城市。

相比之下，作为人口的聚集地，具有百货店和紧急救护中心等 "市区"高度功能的城市是30万人规模的城市。另外，由于城市计划一般都以一个地区为单位进行讨论，一个拥有30万人口规模的地区，可以成为考虑交通系统时的一个单位。

在考虑移动出行服务的经营核算时，"人口密度"则可能成为重要因素。如果也按照位数来分析"人口密度"，那么每平方公里超过1万人的城市，是东京那样的超密集型大城市。在发达国家中，只有日本的东京23区、美国的纽约、法国巴黎的中心城区等几个大城市才是这类城市。

人口密度超过5000人/km²的城市，也是一些相当大的城市，或者是与之相邻的卫星城市，而大多数地区的人口密度都在1000~5000人/km²的规模范围内。另外，在美国和日本等某些地方，还存在着人口密度为1000人/km²以下的地区。

按照人口规模和人口密度对城市结构进行整理

按照到目前为止所分析的人口规模和人口密度，对城市进行分类的话，可以整理出七大类型（**图2-2**）。"（1）超密集型大城市"是"人口在100万人以上"，并且"人口密度在5000人/km²以上"的城市，从地区的财政规模和移动出行服务的营业性两方面，同时包括建设铁路等公共交通系统的可能性的方面来看，都具有最高自由度。即使放眼全世界，这类城市的数量也很有限，就日本而言，只有东京23区、大阪市、川崎市、横滨市、名古屋市和埼玉市属于这类城市。

"（2）大陆系大城市"是"人口在100万人以上"，而"人口密度在5000人/km²以下"的城市。例如美国和欧洲的大陆国家系的大城市等，作为地区的规模较大，不过人口分布在比较广阔的范围内。其结果是在交通系统上，虽然在市中心等部分地区公共交通较为普及，不过看整个地区的话还是以汽车为主要的出行方式。就日本而言，福冈市、神户市、京都市、札幌市、仙台市和广岛市属于这类城市。

"（3）卫星城市"是指"人口密度在2000人/km²到3000人/km²"，并且

图2-2　城市的类型

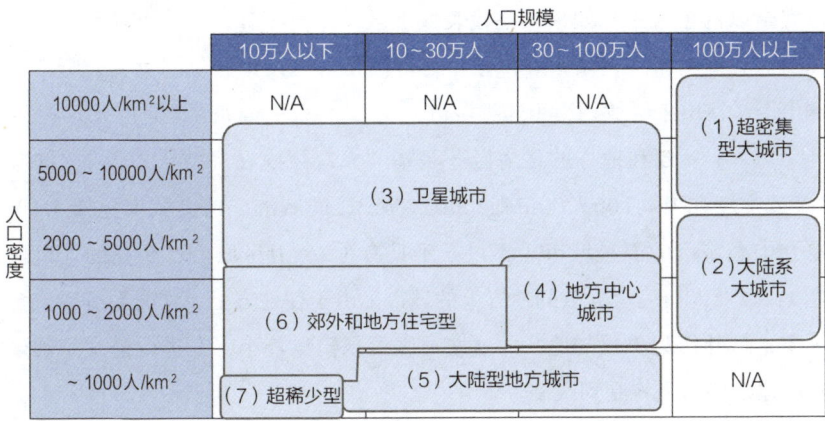

出处：理特管理顾问有限公司的分析结果

与（1）或（2）相邻的地区。由于这些城市的铁路和巴士等公共交通网以相邻的大城市为起点，并和这些大城市的交通系统连为一体，而且具有超过一定标准的人口密度，在导入移动出行服务的时候，在服务核算上，这些城市具有一定的自由度。就日本而言，首都圈内的川口市、市川市和町田市等，大阪圈内的丰中市、吹田市和尼崎市等，名古屋圈内的一宫市、春日井市和岐阜市等就属于这类城市。

"（4）地方中心城市"是"人口规模大约在30万人以上"，并且"人口密度在1000人/km²到大约3000人/km²"的城市。在这个定量标准的基础上，再加上实际的城市功能，这些城市都位于独立于（1）和（2）的大城市圈的地区，后面将要介绍的"（6）郊外或地方住宅地"，以及具有广域的城市功能的地区就相当于这类城市。就日本而言，那霸市、熊本市、和歌山市、仓敷市、久留米市、宇都宫市、松山市、新泻市、高松市、高知市、鹿儿岛市、长崎市和前桥市等就属于这类城市。

"（5）大陆系地方城市"是"人口密度为1000人/km²以下"，而"人口规模大约在10万人以上"的城市。虽然作为地区，这些城市具有一定的人口和财政规模，不过总体上人口密度较低（有的地区还包括人口密度特别低，并且水平面较低的山谷地区等人口稀少地区），在交通系统上，这些城市完全以汽车为主。如果列举代表城市，那么金泽市、大分市、冈山市、福山市、高崎市、宫崎市、浜松市、静冈市、旭川市、丰田市、长野市、郡山市、富山市等就相当于这类城市。

"（6）郊外和地方的住宅区"是指"人口规模在30万人以下"，并且"人口密度在大约100人/km²到2000人/km²"的城市。这类城市包括（4）地方中心城市的卫星城市（不过，不具有（3）卫星城市那么高的人口密度），以及人口完全分散的地方上的城市。由于在地方上，交通系统以汽车为主，另外作为单独的地区，这些地区的规模也较小，在进行公共基础设施的建设能力上将受到限制。

最后的"人口稀少地区"是指"人口规模大约在10万人以下"，并且

"人口密度为100人/km²以下"的地区。由于这些地区人口稀少，并且地区的规模也小，在交通弱者的对策上，现在的实际情况是这些地区的解决方案最为有限。

按照七大类型对世界上的城市进行整理

以这七大类型为基础，可以对日、美、欧的城市结构进行比较。在日本，看地区数量的话，毫无疑问是（6）和（7）的地区较多。而看人口规模的话，人口几乎在（1）、（3）、（5）和（6）的地区平均分布，都占全体的二成左右（图2-3）。看私家车保有量的话，单位人口或家庭的保有量较多的（5）和（6）的地区，保有量约占全体的一半，而在（1）和（2）那样的大城市的私家车保有量，只占全体的二成不到。不过，如果把（3）的城市也包括进来，那么这些城市的私家车保有量就达到市场全体的四成左右，因此对汽车市场具有一定的影响力。

不过看美国的话，（6）地区在人口和私家车保有量上，都占到全体的大约六成，成为具有压倒性优势的主流派（见下一页图2-4）。欧洲（英国）则在日本和美国之间，以（5）地区为主流，这类地区在人口和私家车

图2-3　各个类型的城市的比例（日本）

	1728		1亿2805万7452		5766万7407	
	10.1%	0.3%	15.8%		10.9%	（1）超密集型大城市
	1.6%	0.3%	6.7%		6.7%	（2）大陆系大城市
	7.9%		21.8%		18.0%	（3）卫星城市
	45.4%		8.2%		9.3%	（4）地方中心城市
			18.8%		22.4%	（5）大陆系地方城市
	34.3%		22.7%		25.8%	（6）郊外和地方的住宅区
			5.9%		6.9%	（7）人口稀少地区
	地区数量		人口（人）		私家车的保有数量（辆）	

出处：理特管理顾问有限公司的分析结果

保有量上，占到全体的四成左右（图2-5）。其次是（6）地区，在人口和私家车保有量上占全体的三成左右，这两类地区的人口和私家车保有量，合计占到全体的近七成。

　　在欧洲，与（6）的地区相比，（5）的地区较多，其原因在于欧洲国家的历史背景，以城市为单位的自治文化的色彩比较强烈，即使是现在，人口在一定程度上也集中在市中心。很久以来欧洲就是以这样的市区为单位，进行基础设施和交通系统的建设。

图2-4　各个类型的城市的比例（美国）

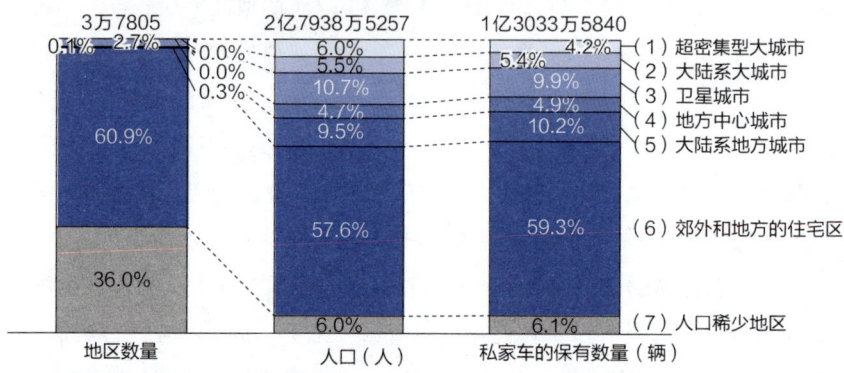

出处：理特管理顾问有限公司的分析结果

图2-5　各个类型的城市的比例（英国）

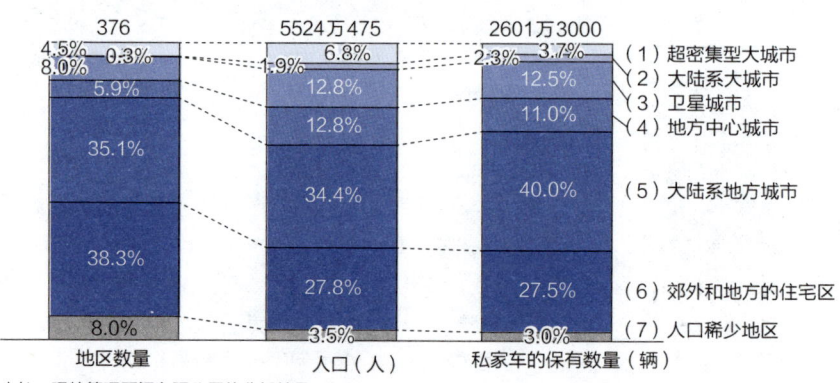

出处：理特管理顾问有限公司的分析结果

第 3 章

各国的哪个产业将牵引普及

作为普及自动驾驶和移动出行服务的前提条件，第一章和第二章分别对"交通系统需要解决的社会课题和需求"、"世界各国的城市结构"进行了考察。在本章中，作为更侧重商务方面的前提条件，我们将对"各国的哪个产业将牵引自动驾驶和移动出行服务的普及"进行考察。

世界各国的主要产业和汽车产业所处的位置

要特别确定对自动驾驶和移动出行服务产生影响的产业，首先就要了解各国产业结构的差异。在这里，我们将各国的主要产业，按照2015年度的利润大小进行了排序，并从中发现几个有趣的现象（图3-1）。

第一点是以汽车为中心的运输机械产业在各国的产业结构中所处的位置。在日本，运输机械产业是仅次于金融产业创造利润的产业，而且由于自2016年度开始的日本中央银行的负的金利政策，金融产业的利润出现大

图3-1 各个产业在各国的产业结构中所处的位置

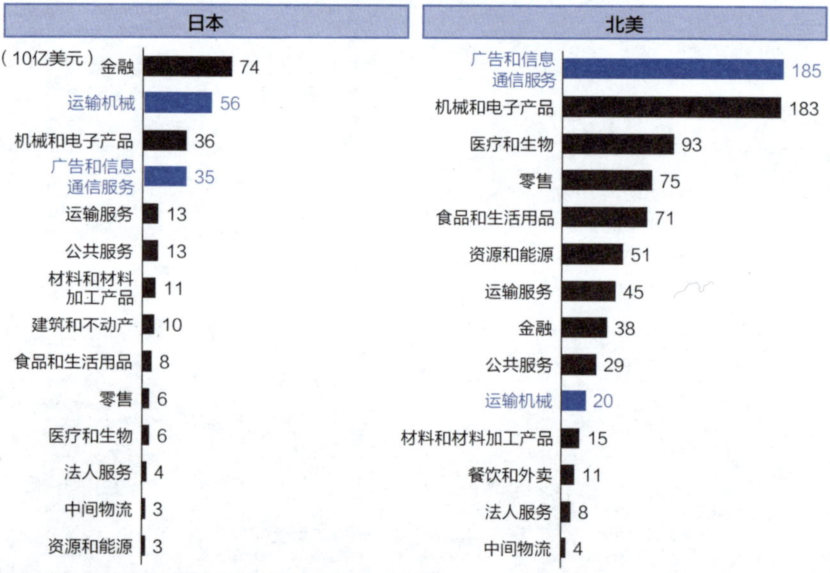

出处：以SPEEDA为基础的理特管理顾问有限公司统计
*将各国的营业利润（2015年度）前一百位公司按产业进行分类

28

幅度下滑等，金融产业对政策的依赖程度较大，实际上运输机械产业可以说是目前最赚钱的产业。

不过，在中国和美国，在利润排行榜上，运输机械产业只能对其他产业甘拜下风。处于日本和中美之间的是欧洲（在欧洲，德国也跟日本一样，在产业结构上以汽车产业为主导）。因此，在日本和欧洲，在普及自动驾驶和移动出行服务的过程中，汽车制造厂商将发挥较大的作用，或者很有可能普及的速度会因为汽车制造厂商的想法的变化而发生改变。

那么在各国的产业结构中，除了汽车产业，还有哪个产业将牵引自动驾驶和移动出行服务的普及呢？在这里，特别值得关注的是广告和信息通信服务产业所处的位置。美国的谷歌公司、亚马逊公司和优步科技公司等都受到广泛关注，在普及自动驾驶和移动出行服务的过程中，这些以信息通信技术为主的新兴服务的经营者将发挥较大的作用。这些广告和信息通信服务产业所处的位置，实际上还会根据国家的不同而出现较大的差异。

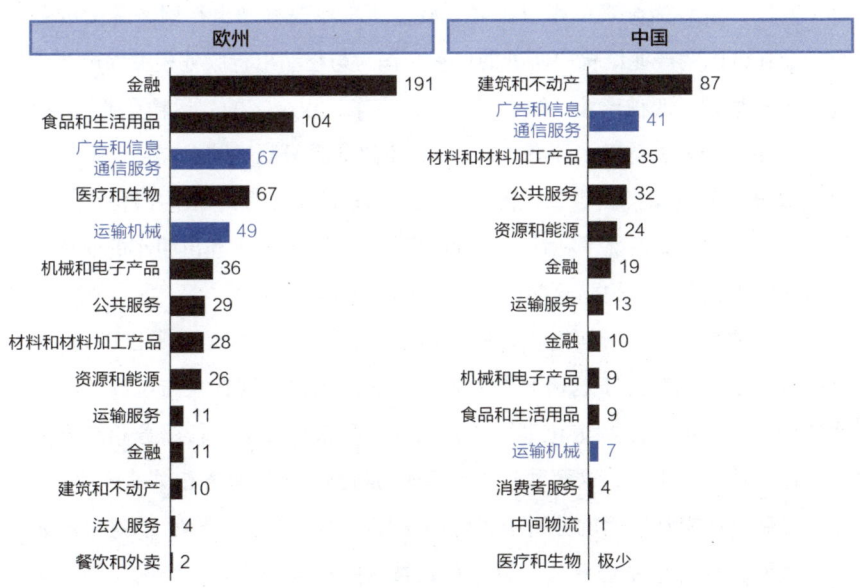

欧州		中国	
金融	191	建筑和不动产	87
食品和生活用品	104	广告和信息通信服务	41
广告和信息通信服务	67	材料和材料加工产品	35
医疗和生物	67	公共服务	32
运输机械	49	资源和能源	24
机械和电子产品	36	金融	19
公共服务	29	运输服务	13
材料和材料加工产品	28	金融	10
资源和能源	26	机械和电子产品	9
运输服务	11	食品和生活用品	9
金融	11	运输机械	7
建筑和不动产	10	消费者服务	4
法人服务	4	中间物流	1
餐饮和外卖	2	医疗和生物	极少

毫无疑问，美国是广告和信息通信服务产业中存在感最大的国家。就利润而言，美国的信息通信产业拥有汽车产业近10倍的剩余资本的投资能力。实际上在美国，牵引自动驾驶和移动出行服务开发的正是信息通信服务的经营者。在很多情况下，美国的GM公司和福特公司等既存的汽车制造厂商，在这方面只是作为这些服务经营者的出资方或合作伙伴。

紧随美国之后，中国是广告和信息通信服务产业中存在感较大的国家。信息通信产业创造的利润仅次于进行基础设施建设的建筑产业和不动产产业。实际上主导中国的自动驾驶开发的正是百度等信息通信的经营者，而汽车制造厂商的开发主战场则在电动汽车的开发上。不过，即使是在汽车产业拥有较多剩余资产投资能力的日本和欧洲，信息通信产业仍拥有相当强的剩余资产的投资能力。

移动出行服务和四个相关产业

其次，从较为微观的视点出发，我们将考察与移动出行服务相关的各个产业在各国的产业结构中所处的位置。作为与移动出行服务相关的产业，我们将列举以下四种产业。第一种是使用汽车运送乘客的"运输产业"。运输产业还包括天（空运）和海（航运），不过如果只限于陆上交通，那么可以大致分为铁路系经营者，以及除此之外的巴士和出租车系的经营者（特别是在日本，很多情况下私铁经营者还提供一站式的巴士和出租车的业务，不过为了方便起见，也将这些经营者作为铁路系经营者）。

第二种是用卡车等运送货物的"物流产业"，第三种是"零售产业"。这两种产业以前都处于物流经营者顾客产业的位置，现在在与电商的激烈竞争中，通过欧姆尼频道化等形式，出现了与新型移动出行服务相融合的可能性。从这点来看，这两种产业也将成为与移动出行服务相关的产业。

最后是在宏观层面的分析中也曾出现过的"信息通信产业"。这个产业可以大致分为通讯系经营者，以及信息技术服务系经营者。以前，信息通信产业的作用是为运输、物流和零售业提供信息通讯的基础设施，现在在此基础上，如亚马逊公司这样的电商经营者与零售业竞争，优步公司和新加坡的Grab公司等新型移动出行服务经营者与既存的运输行业和物流行业竞争，信息通信产业正在通过更加直接的形式，逐渐成为移动出行服务市场中的主要产业。

跟移动出行服务相关的产业所处的位置

如果将这四种相关产业在各国的市场（销售）规模和利润水平（毛利）进行比较，那么就会看到非常有趣的现象（**图3-2**）。例如，如果将各国的运输产业按经济规模进行比较，那么就可以知道欧洲运输产业的规模较大，而美国的市场规模较小。另外，在运输产业中，与巴士和出租车系相比，各国的铁路系都拥有较大的市场。

图3-2　跟移动出行服务相关的产业在各国所处的位置

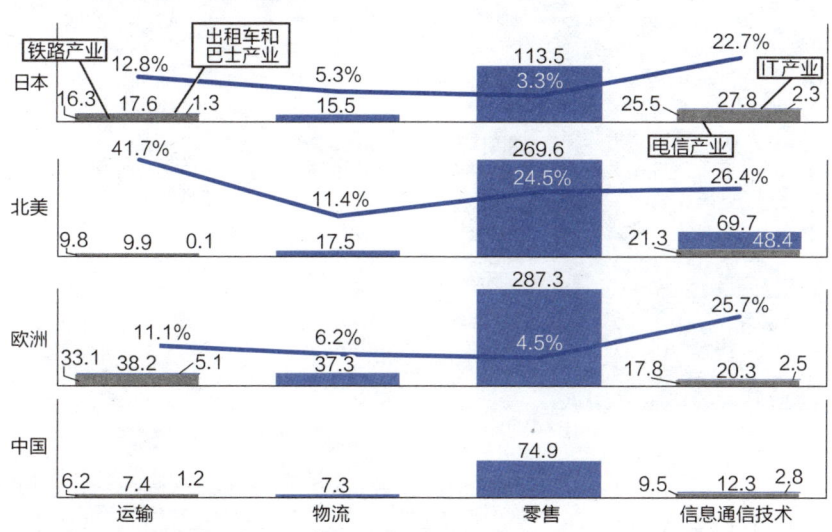

棒状图：销售规模（兆日元）、折线图：毛利（％）
出处：理特管理顾问有限公司的分析结果

特别是美国，在铁路系中，存在着通过将业务范围限定于长距离（横断大陆）的货物运输上而提高利润的经营者。不过在城市交通中，由于城市交通以国营巴士和个体出租车为主，几乎不存在从事这方面业务的大的经营者。这点也特别表现在巴士和出租车系经营者的规模都极其有限的情况上。形成这种情况的大背景是美国的信息通信系经营者都在积极地扩大移动出行服务业务。

不过在日本和欧洲，铁路系经营者的存在感较大。今后在普及移动出行服务的过程中，对于移动出行服务，是把它作为与自己既存服务竞争的对象，还是把它作为自己既存服务的一种补充，铁路系经营者的想

图3-3 移动出行服务的具体事例和代表企业

	经营者		
	运输（铁路、巴士、出租车）	物流	
日本	•富山地方铁路 作为多模式的一贯形式，导入轻轨运输系统（LRT）	•大和运输公司 与DeNA探讨无人送货卡车	
北美			
欧洲	•德国铁路（DB）、法国铁路公司（SNCF）、瑞士联邦铁路（SBB） 导入以铁路为中心的无缝移动出行服务 •德国邮政巴士（Post Bus） 实证无人驾驶巴士	•敦豪（DHL） 试验山区的无人机送货	
中国	•宇通客车 实施连接机场和城市的无人巴士的开发和实证试验		
各个经营者的特点	在有限的区域实现无人驾驶化，或者自己开展铁路和巴士等业务的经营者进行无缝移动出行服务	对于重复送货的问题，探讨使用无人送货车辆或无人机，不过可使用的地域是有限的	

出处：理特管理顾问有限公司的分析结果

法将对市场的形成产生较大的影响。例如在德国，德国铁路（Deutsche Bahn:DB）在开发以自己公司的铁路业务为中心的无缝移动出行服务上较为积极，并且对共享汽车等也积极地进行投资（**图3-3**）。另外，在欧洲，巴士和出租车产业已具有一定的规模，处于和铁路系的公共交通相互补充的位置。

如果将物流产业也按经济规模进行比较，那么可以看到与日本和欧洲相比，美国物流产业的规模特别有限。形成这种情况的背景是，由于电商带来的最后一公里物流需求的迅速增加，信息通信技术的经营者也纷纷加入进来，在替代服务的开发上，展开激烈竞争。

零售和电商	通讯和信息技术	各个国家的特点
·AEON有限公司 跟DeNA一起，探讨进行无人驾驶巴士的实验，以及无人机送货	·软银（SB驱动公司） ·DeNA 探讨使用无人驾驶的巴士、出租车和货车	以信息技术系企业为中心，物流业和零售业的经营者相互合作，开展服务
·亚马逊 ·沃尔玛 探讨通过共享拼车进行商品送货，或者进行无人机送货	·谷歌 实施完全自动驾驶汽车的算法开发和实证试验	各个信息技术系、零售及电商系的企业独自开展服务
		以大的铁路经营者为中心开展服务，形成以无缝移动出行服务为核心的生态系统
	·百度 ·阿里巴巴 实施完全自动驾驶汽车的算法的开发和实证试验	以国家为主导，开展以信息技术系企业为中心的服务
增加小件商品的送货，开展服务，解决购物难民等最后一公里问题	作为网络和智能手机之后的创新方向，开展移动出行服务	

零售产业的规模则几乎和地区的经济规模呈正比，与其他产业相比，零售产业的销售规模要大十倍。零售业的业务形态今后将如何发展，可能会对各国移动出行服务的改革产生较大的影响。另外，相对而言，美国的零售业经营者利润较高，在开发新型服务的剩余资本的投资能力上，美国企业处于优势。

实际上，美国的沃尔玛公司正在与新型移动出行服务的经营者积极进行合作，例如，在对抗电商的网上超市业务中，为了确保商品的送货方式，沃尔玛与优步进行合作等。在日本，AEON公司一直都把地方城市的购物中心作为自己的核心业务，现在也开始进行新型移动出行服务的开发，例如，通过使用自动驾驶技术，实现购物中心内迎送巴士的无人化等。

美国在信息通信产业上较为突出

在最后的信息通信产业上，与其他产业的规模相比，美国非常突出。其次，日本的规模也较大。不过，在欧洲，运输和物流等既存的移动出行服务的产业规模达到日本的近二倍，而相比之下，欧洲信息通信产业的规模则相对较小。从中可以知道，在牵引移动出行服务的革新上，欧洲的信息通信产业会力量不足。

而且，在日本和欧洲，与信息技术系经营者相比，通讯系经营者的规模较大，像美国和中国那样单一的信息技术系新兴企业的存在感相对较低。实际上在日本，积极推动移动出行服务开发的是公司内部的创新部门（SB驱动公司），还有推动无人巴士服务，并在无人巴士上使用自动驾驶技术的软银集团，以及NTT都客梦等移动通信的经营者。

另外，作为日本单一的信息技术系经营者，DeNA是唯一一个在移动出行领域积极开展活动的企业，并宣布了与日产汽车进行全方位的合作。这也证明，至少可以说日本的信息技术系经营者，在开发移动出行服务的过程中，很有可能将发挥与汽车产业相互补充的作用。

第4章

在既存的交通服务中存在着哪些问题

在前面一章中，我们从宏观的角度出发，考察了普及自动驾驶和移动出行服务的前提条件，以及"哪个产业将牵引各国的自动驾驶和新型移动出行服务的普及"。本章将从俯视的角度对巴士、出租车和租车等既存服务行业的现状和课题进行整理。

大致分为城市间交通和城市内交通

现有的移动出行系统，可以大致分为"城市间交通"和"城市内交通"（图4-1）。在城市间交通中，因为在很多情况下行驶距离较长，所以包括新干线等高速铁路的铁路运输，以及长途（高速）巴士成为主要的运输方式。另外，在地方等公共交通网密度较低的区域，租车等以小汽车为主的服务，作为公共交通的补充方式发挥着作用。

而城市内交通，则大致可以分为连接车站和其他主要目的地的"干线"，以及连接从"干线"到各个家庭等最终目的地的"最后一公里"。其中干线部分的公共交通机关包括地铁等市内铁路、以路面轻轨为主的"轻轨运输系统（LRT：Light Rail Transit）"、公交车行驶在专用车道上的"快速公交系统（BRT：Bus Rapid Transit）"、以及公交车等。从投资的效率来

图4-1 构成移动出行服务的要素

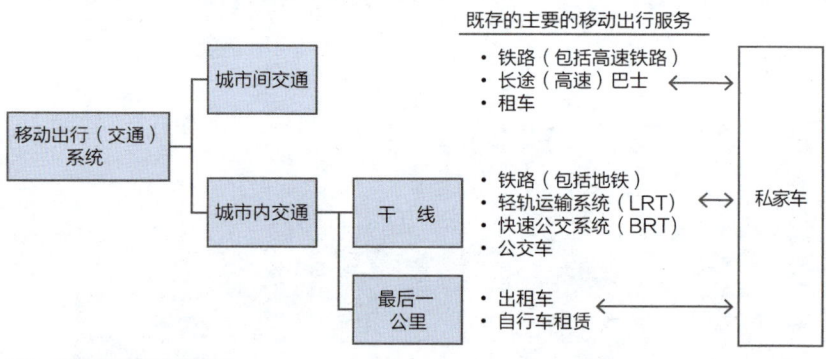

出处：理特管理顾问有限公司

36

看，公共交通机关也比较容易进行建设。至于对于某个地区，以上方式中的哪种方式比较合适，则几乎由这个地区所需的单位时间的运输量决定，而某个地区所需的运输量又几乎与这个地区的人口密度成正比。

不过，在最后一公里的部分，基本上是使用载客数较少车辆的各种移动出行服务之间的竞争。在一些地区，人们使用出租车或共享汽车等服务，而在欧洲和日本的大城市，或者在亚洲等人口密度较高的地区，自行车租赁等也作为移动出行的服务方式。

虽然私家车可以用于上面所有的情况，不过根据使用者的不同，会出现不同的使用方法。为考虑普及新型移动出行服务的可能性，首先就要考虑新型移动出行服务和既存移动出行服务之间存在着怎样的竞争关系。因此，对于在既存的移动出行服务中存在着怎样的课题，我们将进行梳理。

长期下滑的巴士行业

首先是巴士行业。在这个行业中，存在着"乘合巴士"和"包车"两种运营方式。"乘合巴士"按照既定的线路和时刻运营，而"包车"则用于观光等方面。乘合巴士构成城市交通系统的一部分，并且包括在城市间运行的"高速巴士"，以及在城市中运行的"公交车"。

在日本，整个巴士行业全年运送的乘客超过40亿人次，在通过公共交通系统运送的旅客中，乘合巴士大约占14%，包车大约占1%，这两者合计占全体的15%左右（2013年度）。不过这个比例长期呈现下滑的趋势，在最高峰的1960~70年代，年度运送的乘客数量曾达到近100亿人次，大约占整个公共交通系统的1/3。

减少的背景在于地方上的私家车保有率的上升，以及由于出生率下降、人口老龄化和地区空洞化，而导致巴士运行线路的减少等。其结果是，巴士经营者的利润下滑。在这样的情况下，为了让公交车行业扭亏为盈，政府于2000年以后在政策上进行了放宽，自那之后，越来越多同时经营包车业务和高速巴士的经营者都在业务上进行了强化。

即使这样，实现盈利的经营者也只有三成左右，如果只限于单独的乘合巴士行业，那么大部分的经营者仍在赤字经营（市内的公交车几乎都为民营，民间的经营者占全部经营者的98%。而相比之下，在国外则以国营为主流，美国的国营部分也占全体的2/3）。

从巴士经营者利润结构的观点来看，驾驶员的人力成本占近六成（图4-2）。另一方面，从驾驶员的劳动环境的观点来看，驾驶员是一种工作时间长、工资低的劳动密集型职业，所以在人才确保上的难度日益增大。

有效的方法是实现社区巴士的自动驾驶化

在这样的情况下，特别是在日本，"使用者的减少=经营者利润的减少"的恶性循环长期存在。本来在大多数情况下，巴士就是学生和老年人等不拥有私家车的人群在上学或购物等时使用的交通工具。由于巴士具有

图4-2 乘合巴士行业的利润结构

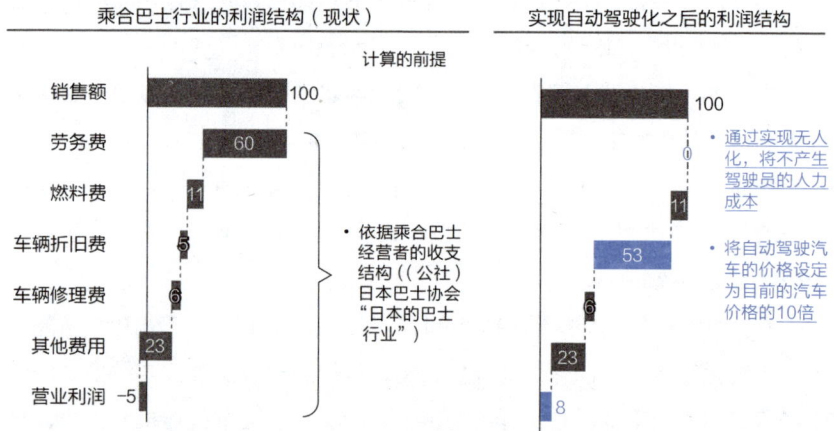

出处：以各种公开信息为基础的理特管理顾问有限公司的计算结果

作为交通弱者对策的社会性，现在以各级地方政府为主导，各地都在不断导入社区巴士。

实际上，根据国土交通部的调查，在全国，大约六成的地方政府都在运营社区巴士。今后，作为潜在的巴士使用者，尤其是那些返还私家车驾照的老年人对巴士的需求很有可能增大。现在在社区巴士的使用者之中，老年人已经占到了15%左右。

目前的情况是老年人返还驾照的比例还不到1.6%，不过随着最近老年人引发的交通事故的比例的增加，可能今后对于提高老年人的返还率，社会的呼声会更高。随着今后老年人口的迅速增加，以及驾照返还率的上升，最终对新型巴士的需求很有可能将显现出来。

不过看老年人方面的实际情况的话，调查结果显示，有意返还驾照的老年人占全体的两成左右。在返还驾照之后，老年人会考虑使用哪种交通工具作为替代，在日本是重要的社会课题。

为了解决这方面的需求和课题，使用自动驾驶技术的"社区巴士的无人化"可能成为有效的方法。通过实现自动驾驶，占经营者成本大约六成的驾驶员的人力成本将消失，即使将巴士的车辆价格设定为现在的10倍左右，经营者仍有可能实现盈利。

在世界范围内规模较大的日本的出租车市场

接着我们来看出租车行业。日本的出租车市场规模从经济泡沫期的近3兆日元，减少了四成多，不过即便如此，仍有1.6兆日元左右的市场规模（见下一页图4-3）。而在美国，出租车和豪华包车的市场规模加起来也只有8000亿日元不到，只有日本的一半。考虑到美国的人口为日本的2.5倍左右，在单位人口上，美国的规模只有日本的1/5左右。

即使在欧洲，德国的市场规模大约为4000亿日元，英国大约为3000亿日元，法国为5000亿日元以上，西班牙为3000亿日元以上。其中任意一个主要国家的市场规模都只有日本的1/4~1/3，即使换算到单位人口，也只有日本的一半左右。

在中国，出租车的数量超过100万辆，是日本（20万辆以上）的5倍左右。看单位人口的数量的话，普及率大约为日本的一半左右。与其他国家相比，日本的出租车行业市场较大，而之所以形成这种情况，主要有以下三个原因。

（1）人口密度较高，居住在人口密集的城市的人口较多，而在人口密集的城市，则可以实现盈利。

（2）（虽然制度正在放宽）由于在车费上采用申请制的"半国营制"，出租车的车费在发达国家中处于相对便宜的位置。

（3）（通过形成国营市场）出租车行业并不是个体经营的行业，而是法人经营的行业。

其中有关（1），正如第二章所介绍的，是由日本地理上的特殊性而产生的。有关（2），欧美各个城市的出租车的车费水平都为日本的1.5~2倍，

图4-3　日本出租车的市场规模和单位出租车的销售额（营业利润）

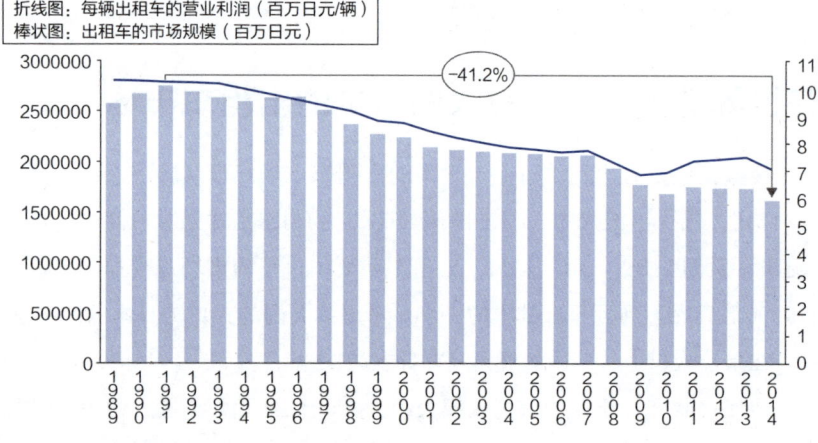

折线图：每辆出租车的营业利润（百万日元/辆）
棒状图：出租车的市场规模（百万日元）

出处：全国车辆租赁和出租车联合会

40

在发达国家中，日本出租车的车费之低非常突出。而这些都可以归结为，形成了（3）那样形式的市场。

不过，看各个企业的话，即使是出租车巨头，每年的销售额也在数百亿日元左右，并且按照地区不同千差万别。另外，为了与出租车经营者划分势力范围，要取得出租车的个体营业执照比其他国家要困难得多，这也成为日本的个体出租车的比例低于其他国家的原因之一。

不过看出租车行业的人口密度和经济性的关系的话，现在的情况是如果人口密度在1万人/km²以上，那么"随地叫车"的营业模式就能成立，而如果人口密度在5000人/km²左右，那么"在车站等车"的营业模式就能成立。也就是说，由于在人口密度较高的市中心能够预期到一定的利润，出租车行业并没有出现乘合巴士那样严峻的盈利问题，而这些乘合巴的服务区域以人口密度相对较低的地区为主。

实现叫车系统和无人化是提高利润的方案

不过正如图4-3所显示的那样，单位出租车的销售额在1990年前后的最高峰期每年超过1000万日元，不过目前减少到大约三成不到的700万日元以上，很多企业都处于严峻的经营环境中。另外，从利润结构的观点来看，和巴士一样，驾驶员的人力成本也占到总成本的大约七成，而另一方面，驾驶员的工资水平仅为全产业平均水平的大约一半，劳动时间却是全产业平均水平的1.1倍左右。跟巴士驾驶员一样，出租车驾驶员也是典型的劳动密集型职业，结果人才不足的问题日益严重。

从出租车使用者的观点来看，在东京等城市，作为日常出行的代步工具，老年人使用出租车的情况已经越来越多。今后随着人口的老龄化，很有可能这样的需求会越来越大。实际上在车辆的数量上，以东京为首的大城市（圈）的都道府县，经常名列排行榜的前几位，不过从人均水平来看，具有一定人口规模的三大城市圈的周边县市、北信越地区和东南北地区，人均的出租车数量较少（**图4-4**）。

在这些地区，交通系统基本上以私家车为主，随着人口的老龄化，返还驾照的人增多，出租车供给不足的问题恐怕会日益严重。换句话说，从供需平衡的观点出发，通过提高具有一定人口密度的地方城市的出租车的使用率，将为出租车行业提供发展的空间。

作为提高出租车行业利润率和与之并驾齐驱的扩大商业圈的方案，可以考虑"导入出租车叫车系统"，以及"通过运用自动驾驶技术，导入无人驾驶出租车"。通过导入叫车系统（应用软件），即使能将现在40%的载客率提高到50%，也可能充分地提高利润率。另外，通过实现自动驾驶化，

图4-4　都道府县各自的人均出租车数量

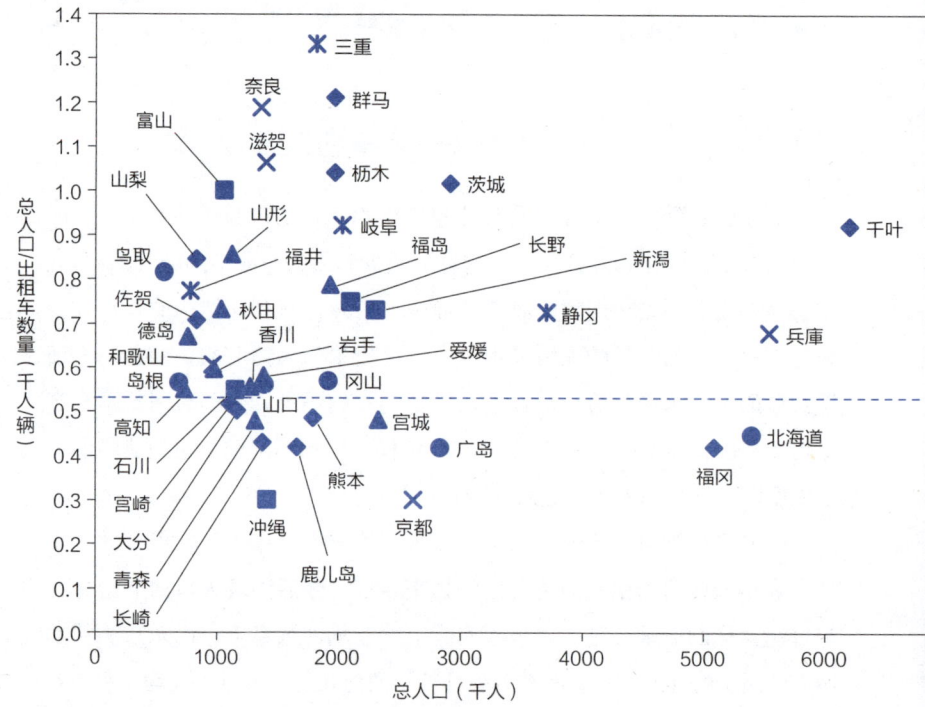

出处：全国车辆租赁和出租车联合会以及"人口推算"（总务部）

占出租车经营者成本大约七成的驾驶员的人力成本将消失，这样一来，即使"将出租车的车费减少一半，并且将出租车的车辆价格设定为现在的10倍"，与导入叫车平台后的有人驾驶出租车相比，无人驾驶出租车仍有可能成为高利润行业。

日益垄断的租车行业

最后来看租车市场，在日本，与巴士和出租车相比，作为一种移动出行服务，租车行业并不引人注目，不过它的市场规模大约为6000亿日元，

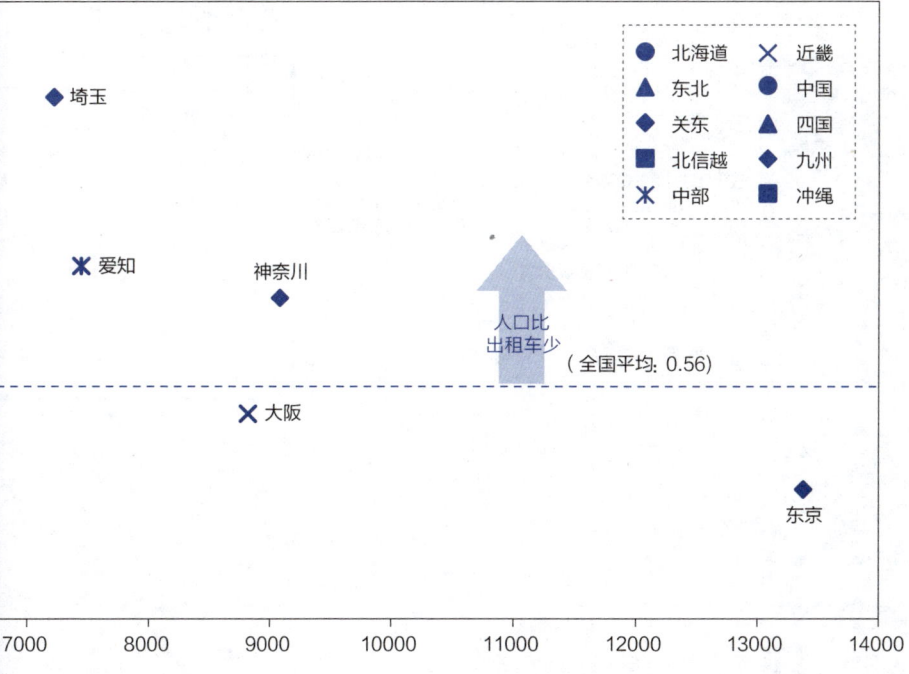

是一个成长型市场。在拥有最大租车市场的美国，形成了近3兆日元的巨大市场。即使在欧洲的主要国家，租车市场规模也分别为1兆日元。

与出租车市场相比，在日本，出租车的市场规模要大于租车市场，而相比之下，在欧洲，租车的市场则大于出租车的市场。出租车行业按照地区或城市的单位进行细分，并且不具有组织化，与这样的出租车行业相反，租车行业在各国都一样，是资本密集型的行业，并且被前几位大公司垄断的情况日益严重。例如，在日本，排名前四位的公司（丰田租车、欧力士

图4-5 日本的租车行业结构

资本密集型

参加者的性质		代表参加者	汽车制造厂商	
制造业		丰田租车	（◎）	
		日产租车Solution公司	（◎）	
综合租赁业	银行系	住友三井汽车贷款公司（Sumitomo Mitsui Finance and Leasing公司）、三菱汽车租赁公司（Mitsubishi Auto Leasing公司）、三菱UFJ汽车贷款公司（Mitsubishi UFJ Lease & Finance Co., Ltd.公司）、芙蓉综合租赁股份有限公司		
	独立系	欧力士租车		
		东京世纪租赁综合公司（Century Tokyo Leasing Corporation公司）		
专业系		日本租车		
停车场系		普客二四（时代）		
		三井不动产		
加油站系		Rentasu公司		
二手车销售系		Trust公司，OnesNetwork公司		

出处：以Speeda等为基础的理特管理顾问有限公司的分析结果

租车、时代租车和日本租车）占据了市场的2/3。在美国也是如此，过去的十年间通过收购，租车市场向前三位公司（企业租车、赫兹租车和安飞士租车）的集中正在加剧，前三位公司拥有大约一半的市场。

　　不过在日本，以前租车市场由汽车制造厂商系或综合租赁型系等资本密集型企业所垄断，近几年来，随着从停车场系，以及加油站系等网络型周边行业而来的新加入企业的增加，竞争的格局正在发生变化（图4-5）。

　　2525租车就是这样的代表企业，作为地方加油站多种经营的一环，

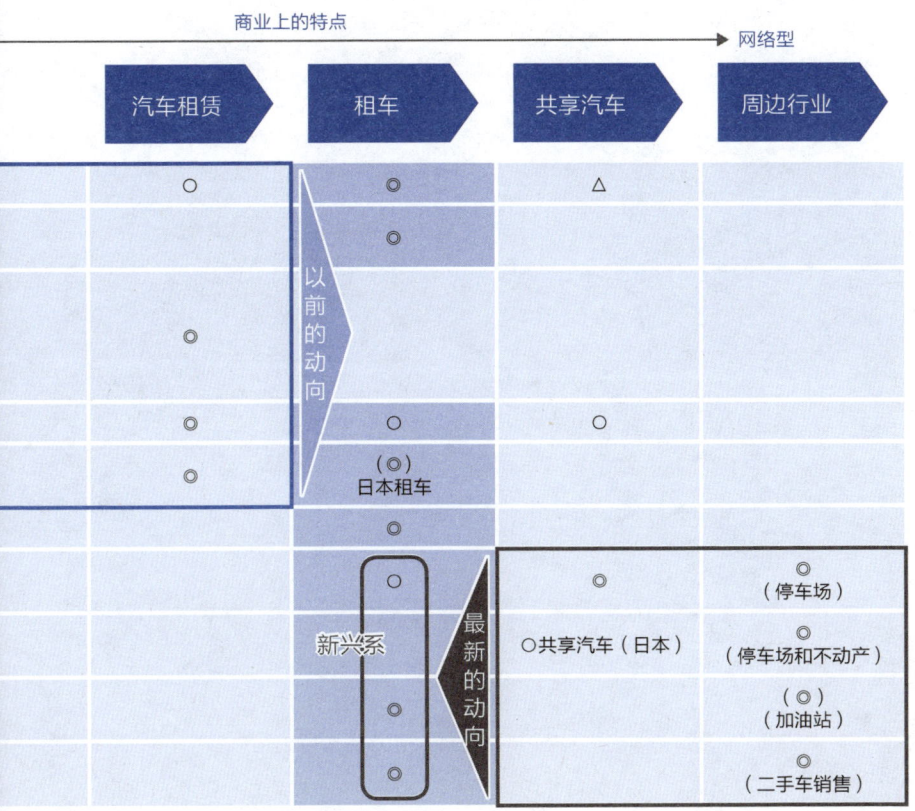

2525租车正在通过连锁的方式扩大业务范围。出现这种情况的背景与便利店繁荣的背景相同，在日本，由于人口密度较高，在有限的面积内提供综合性服务的行业比较容易获得成功。

相对而言，在拥有市场最大的美国，租车公司正在创建包括共享汽车或共享拼车服务的平台商业模式。例如曾经是美国最大的共享汽车经营者的Zipcar公司被安飞士公司收购等，租车与共享汽车在商业模式上具有较高的共通性，租车行业通过合并和收购（M&A），正在向集约化的方向发展。另外，对于在服务上与自己竞争的共享拼车，租车公司通过向共享拼车的驾驶员出借车辆等形式，进行合作，出现了两种服务互相补充的可能性。

第5章

在各国兴起的
新型移动出行服务
（前篇）

在前面一章中，我们对巴士、出租车、租车等既存的移动出行服务的现状，进行了分析。在本章和下一章中，我们将考察移动出行服务的现状和将来的可能性，移动出行服务正在以代替既存服务的形式，不断地扩大市场。

共享汽车和共享拼车的区别

新型移动出行服务可以大致分为"共享汽车"和"共享拼车"两大类（图5-1）。两者最大的区别在于，用户是借用汽车，并且自己驾驶（共享汽车），还是作为乘客，乘坐附带驾驶员的汽车。也就是说，共享汽车的最大竞争对手是租车和私家车，而共享拼车的最大竞争对手则是出租车和巴士。

在共享汽车中，存在着"网点"型服务和"随意取还"型服务。"网点"

图5-1 移动出行服务的类型

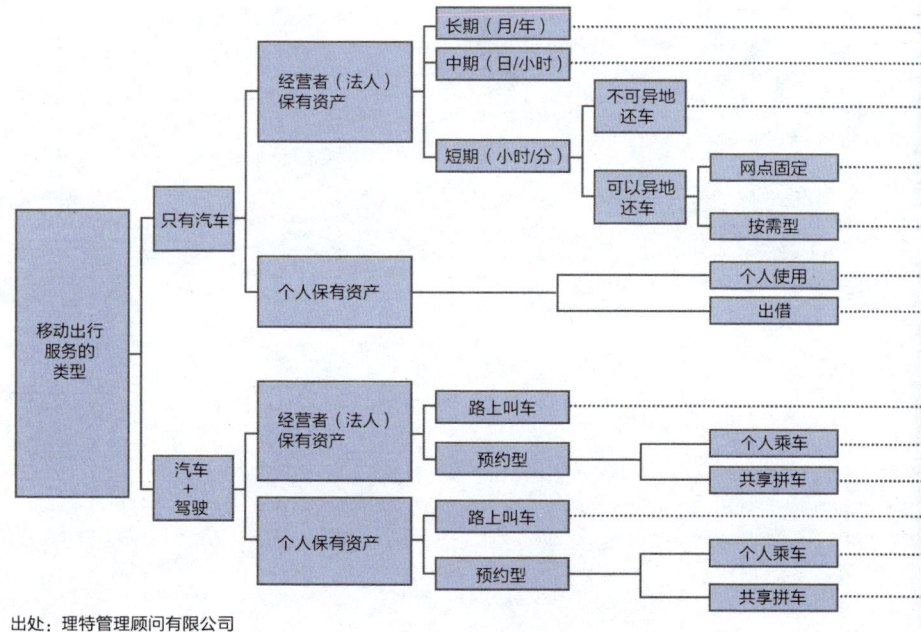

出处：理特管理顾问有限公司

型在日本成为主流，需要将汽车返还到乘车地点。而"随意取还"型则在欧洲成为主流，只需把车开回事先约定的地点即可。另外，在保有汽车的这两种服务的基础上，还逐渐出现了"PtoP"型共享拼车服务，在这种服务中，用户在自己不使用私家车的时候，可以进行个人之间的汽车租借。

在共享拼车中，也存在着有各种各样的服务方式。这些服务方式可以大致分为在中国普及的出租车叫车平台（滴滴型），和在美国、新兴国家普及的连接个人和专业出租车驾驶员的狭义的共享拼车（优步型），以及在欧洲普及的以拼车为前提的个人间的匹配服务（BlaBlaCar型）。

其中的滴滴型和优步型，从用户的角度来看，在本质上是相同的服务，哪一种会成为主流，将由各国出租车行业的成熟（组织化）度和对个体出租车的接受程度决定。实际上，日本是出租车行业具有组织化的国家

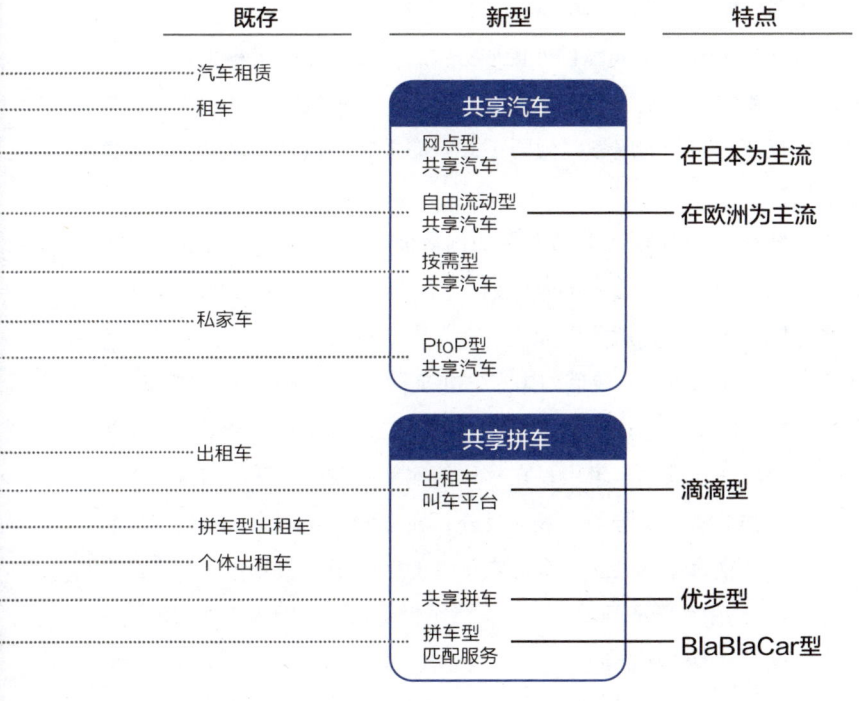

之一，在日本，美国的优步科技公司正在通过面向社会的滴滴型出租车叫车平台，尝试进入日本市场。另外，中国大多数大的出租车公司都为国营企业（state-owned enterprises），在中国，优步公司在与滴滴公司的竞争中败下阵来。

优步型在美国和新兴国家较为普及

不过，在美国和新兴国家，出租车公司不具有组织化，并且对驾驶员的信赖程度又较低，由于优步型共享拼车服务可以将个体出租车的经营者组织起来，并且通过网上的评价系统确保驾驶员的资质，所以他们对优步型共享拼车服务的需求正在迅速扩大。优步型跟BlaBlaCar型的最大区别在于优步型的盈利性较强。在优步型中，驾驶员基本上为了赚钱而开车，一般来说车费会根据需求，在用车高峰的时间段进行上调等变动。

相对而言，在BlaBlaCar型的匹配服务中，驾驶员基本上根据自己的移动目的地召集乘客，车费原则上是为了分摊成本（顺便提一下，优步也有一个名为"优步Pool"的服务，为同一方向的乘客提供拼车服务，不过这项服务以盈利为主）。

在各个国家，与移动出行服务相关的创新企业都在增加，其中提供共享汽车或共享拼车的创新企业占了大多数。比较各国的共享汽车和共享拼车的创新企业的数量的话，就可以知道，在人力成本较高的国家，共享汽车的比例较高，而在人力成本较低的国家，共享拼车的比例较高（**图5-2**）。

按地区划分的话，发达国家以共享汽车为主，而新兴国家则以共享拼车为主，不过即使在发达国家中，在移民的雇佣上较为活跃的美国和英国等，共享汽车和共享拼车势均力敌。另外，在金融产业较为活跃的美国和英国，不仅在共享汽车和共享拼车等直接性的运输服务领域，而且在汽车（二手车）买卖的中介服务领域，以及提供个性化汽车保险等金融衍生服务领域，也出现了很多创新企业。

图5-2　各国的移动出行服务（创新企业）的服务类型比例

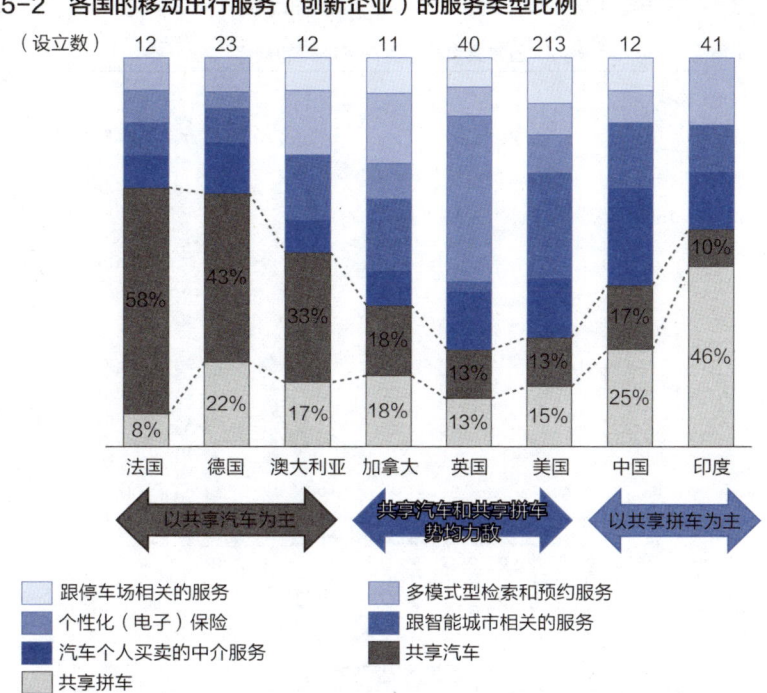

出处：以"Venture Scanner"等各种二次信息为基础的理特管理顾问有限公司的分析结果

日本的共享汽车市场在车辆数量上为世界最大规模

　　日本的共享汽车市场在2015年，在金额上超过200亿日元，并且预期将在2020年达到300亿日元的规模。不过，与既存的移动出行服务市场相比，出租车的市场规模为1.6兆日元，租车的市场规模为6000亿日元，日本共享汽车的市场规模要小一到两个数量级。

　　与其他国家相比，日本的共享汽车市场在2010年以后迅速扩大，在2016年3月的时候，汽车数量达到近两万辆，会员人数也增加到85万人。在汽车数量上，作为单一国家，日本是世界上市场规模最大的国家（见下一页**图5-3**）。

图5-3 共享汽车市场规模的推移和跟其他国家的比较

日本共享汽车的市场规模的推移

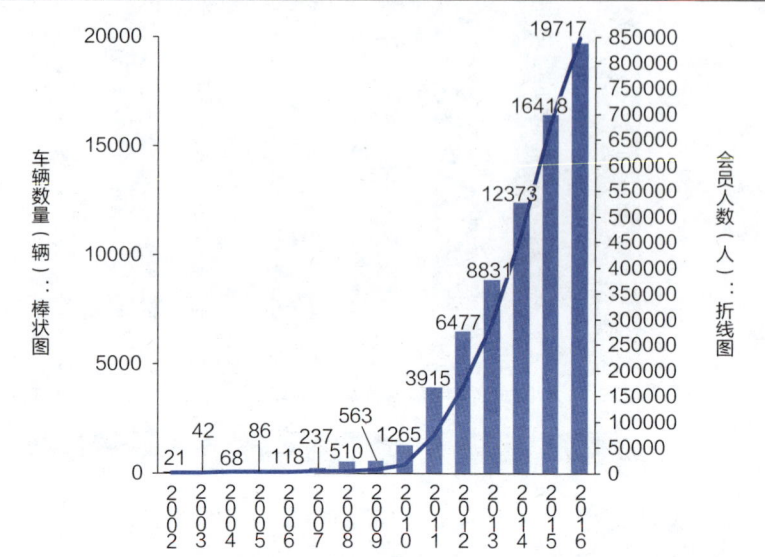

跟其他国家的比较

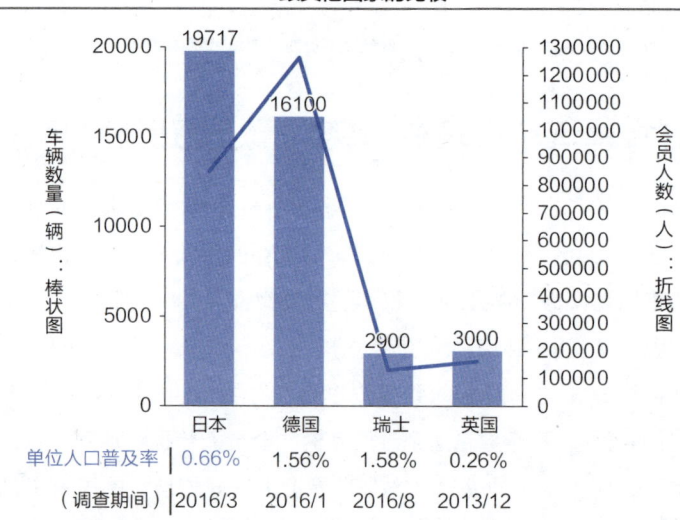

	日本	德国	瑞士	英国
单位人口普及率	0.66%	1.56%	1.58%	0.26%
（调查期间）	2016/3	2016/1	2016/8	2013/12

出处：交通环保和移动出行协会

在欧洲国家中，德国的市场规模最大，其次为英国和法国。另外，看单位人口普及率的话，瑞士则超过德国，如果也从全国规模来看日本，那么日本的单位人口普及率仅为德国或瑞士的一半以下。

在德国，尤其在2012年以后，通过修改法律，自由流动型服务迅速展开，并且共享汽车的会员人数迅速增加。一般而言，与网点型（单位车辆的会员人数：每辆车40名到50名）相比，自由流动型（单位车辆的会员人数：每辆车120名到130名）的会员人数会多三倍。换句话说，如果单位车辆的会员人数不增加，那么自由流动型的服务模式将不能成立。

在日本，自由流动型服务没有普及的最大原因在于，经营者有义务确保为汽车数量两倍的停车位。看都道府县的话，在汽车数量上，东京都名列第一，大阪府紧随其后。在普及率上，也是东京都和大阪府较高。东京的普及率甚至超过了瑞士（欧洲的共享汽车发达国家）（见下一页**图5-4**）。

共享汽车在日本普及的原因

日本共享汽车的行业结构可以大致分为普客24（时代租车）、经营三井Repark等停车场（投币停车场）业务的经营者、像欧力士汽车公司那样将共享汽车作为租车业务的延长线的经营者。最近则形成了时代租车一家独大的局面。

即使从全球来看，时代在保有汽车的数量（1.7万辆）上，也是世界最大的共享汽车经营者。时代租车作为一个只在日本国内经营的公司，成长为如此规模的企业，其背景是日本的地理特征，即人口比较集中于人口密度较高的城市，以及日本特有的道路交通行政方针。

根据2006年对道路交通法的修订，由于加强了对路上停车的管理，并且投币停车业务迅速扩大，以投币停车的网络化为主要业务而成长起来的时代租车，在"网点（停车场）"的确保、停车场的管理，以及被称为TONIC（Times Online Network & Information Center）的"独特的信息技

图5-4 都道府县的单位人口共享汽车普及率

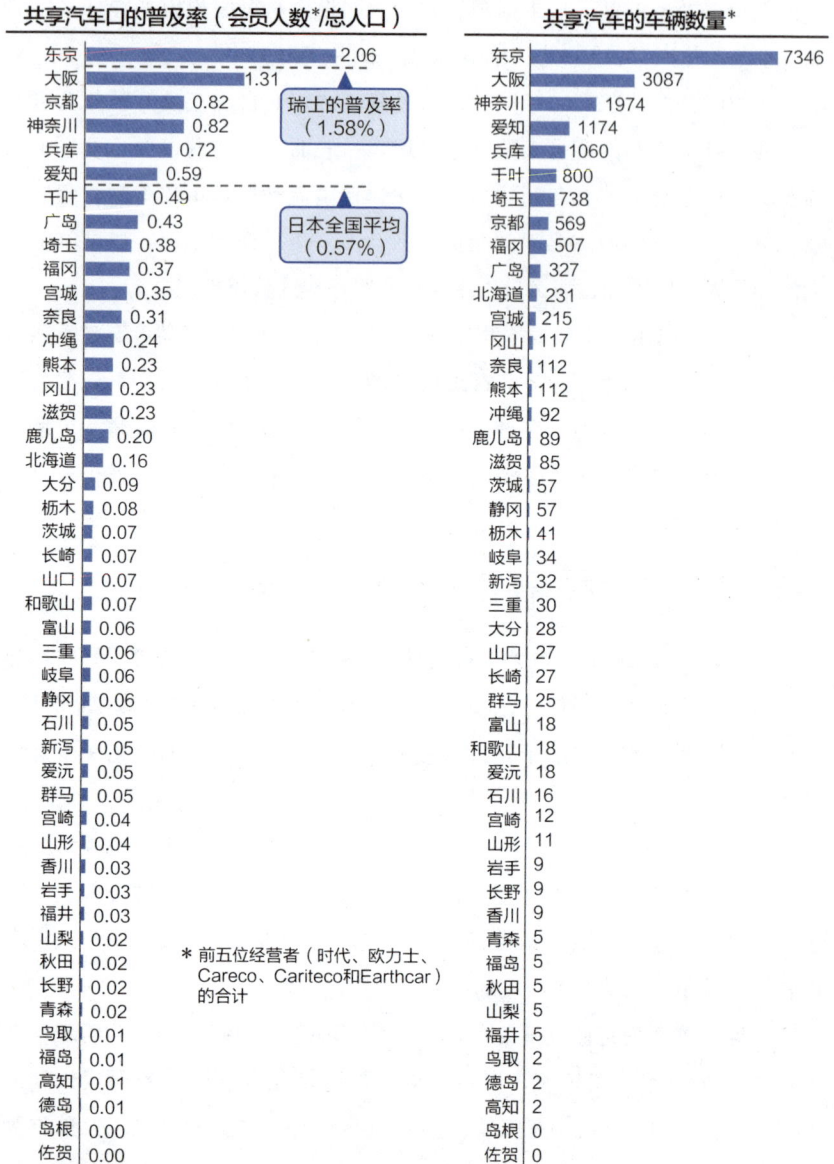

共享汽车口的普及率（会员人数*/总人口）

都道府县	普及率
东京	2.06
大阪	1.31
京都	0.82
神奈川	0.82
兵库	0.72
爱知	0.59
千叶	0.49
广岛	0.43
埼玉	0.38
福冈	0.37
宫城	0.35
奈良	0.31
冲绳	0.24
熊本	0.23
冈山	0.23
滋贺	0.23
鹿儿岛	0.20
北海道	0.16
大分	0.09
栃木	0.08
茨城	0.07
长崎	0.07
山口	0.07
和歌山	0.07
富山	0.06
三重	0.06
岐阜	0.06
静冈	0.06
石川	0.05
新泻	0.05
爱沅	0.05
群马	0.05
宫崎	0.04
山形	0.04
香川	0.03
岩手	0.03
福井	0.03
山梨	0.02
秋田	0.02
长野	0.02
青森	0.02
鸟取	0.01
福岛	0.01
高知	0.01
德岛	0.01
岛根	0.00
佐贺	0.00

瑞士的普及率（1.58%）

日本全国平均（0.57%）

* 前五位经营者（时代、欧力士、Careco、Cariteco和Earthcar）的合计

共享汽车的车辆数量*

都道府县	数量
东京	7346
大阪	3087
神奈川	1974
爱知	1174
兵库	1060
千叶	800
埼玉	738
京都	569
福冈	507
广岛	327
北海道	231
宫城	215
冈山	117
奈良	112
熊本	112
冲绳	92
鹿儿岛	89
滋贺	85
茨城	57
静冈	57
栃木	41
岐阜	34
新泻	32
三重	30
大分	28
山口	27
长崎	27
群马	25
富山	18
和歌山	18
爱沅	18
石川	16
宫崎	12
山形	11
岩手	9
长野	9
香川	9
青森	5
福岛	5
秋田	5
山梨	5
福井	5
鸟取	2
德岛	2
高知	2
岛根	0
佐贺	0

出处：以"共享汽车的360°比较"（总务部）为基础的理特管理顾问有限公司的分析结果

术"的构建和运用上，走在了其他企业的前面。通过运用这些业务基盘，时代租车在共享汽车业务的全方位发展中，取得了成功（根据发表结果，时代租车的共享汽车业务在2014年实现了向黑字的转换。与其他不得不跟停车场另外签合同的公司相比，时代租车在成本结构上具有巨大优势）。

德国的汽车制造厂商服务在迅速扩大

不过，在共享汽车的市场上，在欧洲最大的德国，德国铁路（Deutsche Bahn）旗下的Flinkster公司直到2015年前后，一直在汽车数量上名列第一，不过最近两年，戴姆勒公司旗下的Car2Go和宝马公司旗下的DriveNow等整车制造厂商旗下的服务经营者，也在迅速地增加汽车数量。

戴姆勒公司等欧洲的整车制造厂商进入共享汽车行业有几个目的。在欧洲（特别是在德国），汽车的销售价格上升得比日本快，以年轻人为中心，远离汽车的现象正日益严重。因此，短期内让年轻人跟汽车保持接触，将来让他们购入私家车，这作为营销战略的一环，目的性较强。

当然在中长期，还存在着吸引不保有汽车的人群的目的。本来对共享汽车行业的投资规模，就没有既存的技术开发的投资或工厂的投资那么大。因此，在既存行业的风险转移和培养新型行业两方面，进行尝试的目的性也较强。

分析共享汽车行业的利润结构

从现在开始，我们将分析共享汽车的商业模式的利润结构。在日本，在共享汽车主战场的大城市的市中心，停车费成为最主要的成本（见下一页图5-5）。在日本，在成为主流的网点型商业模式中，如果市中心的停车费为每月4万到5万日元，那么要实现盈利，共享汽车的运转率就要提高到近20%。

不过，如果不需要停车费，那么盈亏分歧点的运转率就会下降到5%到

6%。将停车费视为"沉没成本"的时代租车,在这样的运转率上实现了盈利。因此时代租车一直以市中心为中心,通过增加网点数量扩大经营规模。即使不需要停车费,而且普及率(单位人口的会员人数)跟(已经是世界最高水平)东京处于相同水平(约2%),而人口密度不到5000人/km²的话,还是不能达到盈亏分歧点。而人口密度在5000人/km²以上的地区,按照前面所分析的城市类型,已经属于"超密集型大城市型"或"卫星城市型的一部分",在日本的这些地区,共享汽车已经开始普及。在用户不使用共享汽车的理由中,既有"到网点的最近距离",又有"需求高峰时间段的使用可能性"等,很多意见都针对供应方的限制条件。因此,通过在经营方式上多下功夫,共享汽车还将有成长空间。为了进一步普及共享汽车,在提高用户的熟悉程度和普及率的同时,如何消除供应方的行业核算所带来的供给限制,将成为关键。

图5-5　共享汽车的利润结构

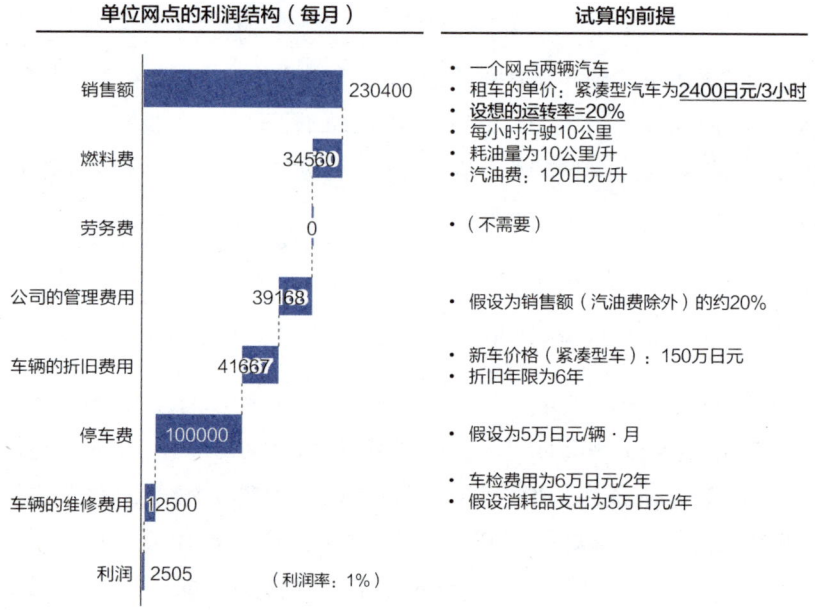

单位网点的利润结构(每月)	试算的前提
销售额　　　　230400	· 一个网点两辆汽车 · 租车的单价:紧凑型汽车为2400日元/3小时 · 设想的运转率=20% · 每小时行驶10公里 · 耗油量为10公里/升 · 汽油费:120日元/升
燃料费　　34560	
劳务费　　0	· (不需要)
公司的管理费用　39168	· 假设为销售额(汽油费除外)的约20%
车辆的折旧费用　41667	· 新车价格(紧凑型车):150万日元 · 折旧年限为6年
停车费　100000	· 假设为5万日元/辆·月
车辆的维修费用　12500	· 车检费用为6万日元/2年 · 假设消耗品支出为5万日元/年
利润　2505　　(利润率:1%)	

出处:以各种公开信息为基础的理特管理顾问有限公司的计算结果

共享汽车市场及发展的方向性

到目前为止，我们分析了共享汽车行业的现状和最新动态，在此基础上，最后我们将考虑发展共享汽车的方向性。具体可以举出以下五种方向：（1）自由流动型的普及、（2）电动汽车（EV）化、（3）汽车小型化（使用低速汽车LSV：Low Speed Vehicle）、（4）按需化（使用自动驾驶技术）、（5）PtoP化（点对点化）。

（1）自由流动型的普及

尤其在日本，由于政策进一步放宽，自由流动型服务将普及。如果单位人口的普及率上升到跟德国相同的水平，服务区域将会扩大到人口密度约为1000人/km²的地区，这在德国相当于开始普及共享汽车的地方城市。

（2）电动汽车（EV）化

作为跟目前的服务高度化不同的发展方向，在欧洲的各个城市都对驶入市中心的内燃机汽车采取了限制措施，以此为契机，使用电动汽车的共享汽车日益增多。即便从经营的观点来看，考虑到对电动汽车的补助金等，在运营成本上，使用电动汽车的共享汽车也较为有利。

（3）汽车小型化（使用低速汽车）

丰田汽车和日产汽车等大的汽车制造厂商在尝试导入共享汽车服务的时候，把使用低速汽车也作为一种发展方向。从利润结构的观点来看，通过使用小型电动的低速汽车，可以减少电费、车辆折旧费和停车费等，即使运转率没有大幅度上升，经营者也有可能确保盈利。

即便市中心的停车费为每月4万~5万日元，只要运转率超过10%，就有可能盈利，并且还能减轻设置网点的风险。不过，不需要停车费的盈亏分歧点上的运转率为5%~6%，这跟使用一般车辆的盈亏分歧点相同。经营者在市中心增加服务网点的门槛将降低，不过如果要将服务区域扩大到在市中心以外的区域，那么使用低速自动驾驶几乎没有效果。

（4）按需化（使用自动驾驶技术）

在目前的共享汽车中，不管是网点型还是自由流动型，都把使用者移动到停车的地点作为前提条件。而按需型则是让汽车行驶到使用者想要乘车的地方，并且从使用者下车的地方让汽车驶回指定地点。在一部分地区，已经开始导入有人驾驶的按需型服务，从成本上考虑，如果使用自动驾驶技术，那么按需型服务将对共享汽车产生较大的影响。

对使用者来说，商业圈是指到车站的距离为徒步5分钟以内的范围。而如果实现按需化，那么商业圈可能扩大到从车站徒步30分钟左右的范围。如果无人驶回的汽车以低速（30km/h左右）行驶，那么即便自动驾驶汽车的价格上升到基本型汽车价格（150万日元）的2倍左右，在人口密度为15~20人/km²的人口稀少地区，作为一项服务，共享汽车仍有可能成立。技术上，在使用者乘车后，汽车需要具有相当于完全驾驶"LEVEL5"的较高的技术上的完成度。不过，如果只是在使用者乘车前后的接送及汽车驶回的无人（并且低速）行驶的时候，需要用到自动驾驶技术，那么技术门槛就会降低。同时，可以认为这是一种无人代客泊车服务的延长线上的服务。

（5）PtoP化

作为最后一种发展方向，我们来考虑向PtoP型商业模式进化的方式，在PtoP型中，共享汽车的经营者并不保有汽车，而是将个人所有的汽车和使用者相互匹配。PtoP型共享汽车可以分为两种形式：一种是汽车的所有者将私家车在不使用的时候出借，另一种是所有者作为自己资产的一个组成部分，购买的汽车，并在PtoP服务平台上登记。

其中，与私人使用兼顾的形式在日本很难被接受，不过在海外（特别是在欧美）却存在着普及的可能性，实际上美国的特斯拉公司正在开始通过使用个人所有的汽车，开展共享汽车的服务。

第**6**章

在各国兴起的
新型移动出行服务
（后篇）

紧接着前面一章的内容，我们将继续考察新型移动出行服务中共享拼车的现状和今后的发展方向，并将焦点放在共享拼车中特别普及的"优步型"和"BlaBlaCar型"。

优步型服务普及地区的共通性

要弄清楚整个共享拼车的市场规模是比较困难的，不过如果以最大企业美国优步科技公司的销售额作为参考的话，那么根据其最新季度的销售额，可以推出优步的年销售额将达到1.5兆日元。优步公司的活跃用户比例最高的是印度，接着依次为美国、中国和墨西哥。其中，在其祖国美国市场的活跃用户的比例，只占公司整体用户的二成不到，即便考虑到各国收费水平的差异，美国的销售额也为大约3000亿日元。

这个规模只是美国现有的出租车及租赁的市场规模（大约8000亿日元）的一半不到，也仅为3兆日元规模的租车市场的一成左右。从中可以知道，在美国，通过将目标锁定于补充缺乏组织性的出租车市场，以及代替巨大的租车市场，共享拼车存在着一定的成长空间。

另外，作为优步公司服务的普及率相对较高的地区，可以列举的国家有使用者的绝对数量较大的印度、美国和墨西哥，以及巴西、菲律宾、英国、哥伦比亚和越南等。从这些国家，可以看到以下这些共同点。

（1）驾驶员的人力成本（专业或兼职）

在前面一章比较共享汽车的时候，我们曾说过，通过较低的人力成本确保驾驶员，是普及共享汽车的条件。实际上在新兴国家，共享拼车之所以得到普及，这个是主要原因。在美国，移民可以成为驾驶员，另外通过兼职也可以成为驾驶员。实际上在美国，从事优步公司服务的人中，半数以上的驾驶员为兼职（**图6-1**）。

大约一半的兼职驾驶员的每周工作时间不超过12小时，大约80%的驾驶员以某种形式从事其他工作。与日本出租车的驾驶员不同，几乎所有的兼职驾驶员都是出于"本职工作的收入不够或不稳定"，或者"要偿还房子、车子的贷款和学校的奖学金"等原因，需要获得补充收入而从事兼职的。

由于在很多情况下，可以提高高峰时间的车费，很多兼职驾驶员都会尽早结束工作，在早、晚高峰的时候做共享拼车的驾驶员。在对共享拼车的评价上，跟使用者的"节约时间及减轻压力"、"确保老年人的移动出行方式"等相并列的是驾驶员的 "提供灵活的工作机会"。

不过，优步型服务形式的优越性能否持续下去，这是一个备受争议的话题。在新兴国家，随着经济的发展，工资的上涨将不可避免。而在美国等发达国家，今后也有可能采取限制移民的措施。而且，对于企业无须支付社会保险费用，并且可以通过低成本确保非正式员工的驾驶员的经营方式，社会上反对的呼声较高。作为服务经营者，在这点上采取怎样的折中方案将会成为今后发展的关键。

图6-1　优步服务中驾驶员的工作情况

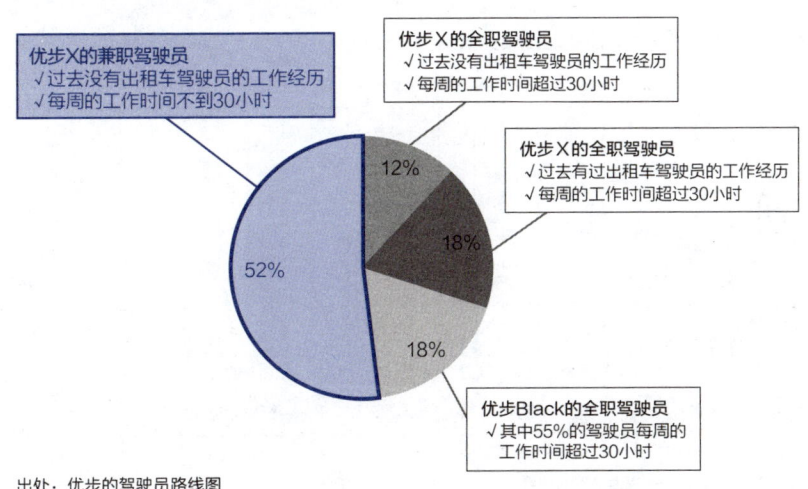

出处：优步的驾驶员路线图

（2）人口密度

在前面一章的分析中，我们曾说过共享汽车的普及条件是人口密度在5000人/km²以上。相比之下，优步公司服务渗透的地区，很多都是人口密度在3000人/km²以下的人口密度相对较低的城市或地区（**图6-2**）。

例如，越南的河内和胡志明市，从全球来看也是在开始优步服务之后，使用者人数增加得最快的地方，而它们的人口密度都在3000人/km²左右。在美国，除了大城市，优步公司提供服务的城市，基本上都是人口密度在几百人~3000人/km²之间的地方城市。

如果同样分析日本，那么人口密度为3000人/km²前后的城市，相当于爱知县的刈谷市、兵库县的川西市和埼玉县的桶川市等，即那些所谓的卫星城市和地方中心城市。这些城市的交通系统现在都以汽车为主，并且这些城市跟单位人口出租车数量较少的地区重合。

与日本出租车的成本相比，优步公司服务的成本要低二成左右。对于那些由于出租车公司的成本结构，现在还不能提供出租车服务的人口密度较低的地区，有可能优步公司能为这些地区提供服务。

图6-2 优步服务普及的国家的城市人口分布

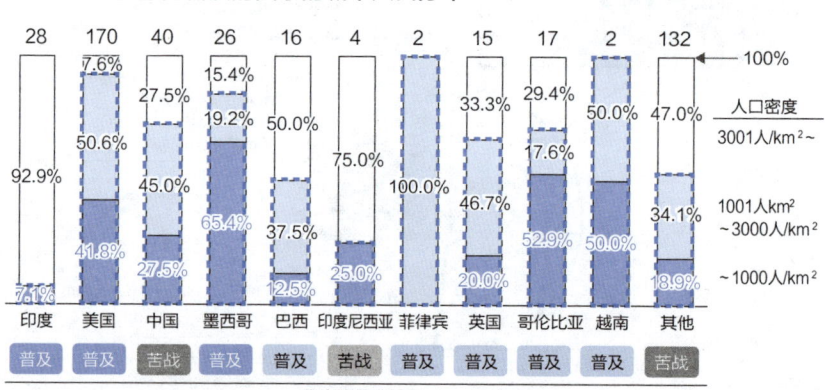

出处：以优步公司网站等为基础的理特管理顾问有限公司的分析结果

（3）既存的移动出行服务（出租车）的
普及程度和受信赖程度

特别是在新兴国家，像优步公司服务那样的共享拼车之所以普及，是因为这些国家的出租车市场还不成熟，或者从治安和驾驶员的服务态度等观点来看，作为一种服务，出租车的质量和受信赖程度都较低。不过在日本、欧洲和中国，出租车行业已经具有组织化，要成为出租车的驾驶员需要符合一定的条件。

像这样，在那些既存的经营者能够保证一定服务质量的国家或城市，即便具备了前面所说的"驾驶员的人力成本"和"人口密度"的条件，共享拼车也会经常陷入与出租车的苦战当中。例如在东南亚国家联盟（ASEAN）的国家中，共享拼车在出租车行业比较具有组织化的印度尼西亚，陷入与出租车的苦战中。而在出租车市场还未建立的越南和菲律宾，共享拼车的普及率则较高。

也就是说，作为保证移动出行服务（驾驶员）的可靠性的方式，一种是经营者进行一元管理，另一种是通过互联网的匹配网站的口碑等，保证PtoP型驾驶员的可靠性。至于哪种方式受欢迎，在很大程度上，取决于各国社会的成熟程度和使用者的接受程度。反过来，在出租车作为行业具有组织化的国家或城市，在提高既存服务效率的过程中，通过"滴滴型"等出租车叫车服务，既存服务可能会向平台化的方向发展。

（4）共享拼车经营者之间的竞争环境
（是否存在有实力的本地企业）

在亚洲和中南美等人口较多的新兴国家，那些根据当地需求采取相应措施的本地企业，成为共享拼车中的主要力量。像优步公司那样的全球性企业所占的市场份额反而不高。特别是在东南亚国家联盟（ASEAN）的国家中，不仅四轮车的共享拼车开始普及，而且由于两轮车能在严重的交通拥堵中发挥作用，两轮车的共享拼车也开始出现普及的趋势，并且服务范围日益扩大。

优步型服务的盈利性

关于优步公司的服务，另一个受到争议的话题是它的盈利性。优步公司募集了大量的资金，并不断地进行先行投资，不过目前在经营上仍为赤字，"什么时候能够实现黑字"成为人们关注的焦点。在这方面，可以作为参考的是美国的亚马逊，亚马逊是在"电商"领域，通过先行投资的商业模式取得了成功。

亚马逊是在创业第七年以后实现了向黑字的转换。而优步公司成立于2009年，在2018年进入创业第九年。虽然不能单纯地比较，然而电商的话，由于交易的商品数量实际上为无限多，完全符合"收益递增"的原则。相比之下，优步公司的话，只要服务对象为乘客（人的运输），那么服务对象就是有限的。在成本结构上，在达到了一定的普及率之后，就不得不将经营方向转到"怎样提高每次交易的附加价值"方面。

普及BlaBlaCar型服务的条件

作为共享拼车的另一个代表企业，法国的BlaBlaCar公司是以欧洲为中心成长起来的公司。以美国和新兴国家为主普及的优步型共享拼车，是以中短途的单独乘车为前提，并且以代替出租车或租车的需求为目标的服务（驾驶员以盈利为目的，根据使用者的要求行驶）。相对而言，BlaBlaCar型则是以中长距离的拼车为前提，并且以代替铁路或长途巴士为目标的服务，得到了普及。

BlaBlaCar型服务的使用形式是驾驶员根据自己的移动目的地召集搭车人。因此，驾驶员的目的是要"分担自己的移动成本"，或者"有了同伴，可以愉快地进行长距离旅行"等，这种服务跟搭顺风车比较接近。

分析一下实际的BlaBlaCar型服务的使用者的性质的话，年收入的分布范围较广，不过高学历的人较多。在职业上，也是学生、专业人员和白领的比例较高。而在低收入人群中，定期使用的人较多，并且成为搭车者的情况也较多。另外，在高收入人群中，不定期地以度假为目的，作为驾驶员而参加的情况较多。

作为BlaBlaCar型共享拼车的普及条件，可以举出以下几点：（1）长距离交通网的方便性；（2）移动出行需求的性质；（3）良好的治安环境等。关于第一点"长距离公路交通网的方便性"，在BlaBlaCar型服务普及率较高的法国和中国等，虽然一直在进行铁路网的建设，然而从国土形状（国土的长宽比例几乎是一定的）或城市分布等观点来看，这些国家的特点是移动出行的需求很难集中在特定的干线区域。

从使用者的观点来看，由于与长距离铁路或长途巴士的接驳很不方便，在很多时候，对于能让少数人"点到点"移动的半公共服务，需求较高。分析一下实际的法国BlaBlaCar型服务的使用者的情况的话，在人口分布上只占14%左右的地方上的居住者，在使用比例上达到23%等，相对而言，居住在地方的人的使用比例较高。

关于第二点"移动出行需求的性质"，在法国的假期，或者在中国的春节和国庆节等回乡潮的时候，在相同时间、以相同目的地移动的人数较多的情况下，会用到共享拼车。而第三点"良好的治安环境（可以放心地乘坐他人的汽车）"，也需要得到一定程度的保证。实际上，BlaBlaCar型服务在治安情况较差的巴西等国家，一直低迷。

共享拼车的三个发展方向

正如到目前为止所说的，共享拼车通过代替或补充出租车或巴士等既存的移动出行服务而成长起来。其今后的发展方向大致可以分为以下三种。

（1）代替私家车的需求较大

第一个方向是代替私家车的需求强烈的情况下。例如，在日本的地方城市，返还驾照的老年人将增多，作为这种交通弱者的对策，这部分人会使用共享拼车。在既存的出租行业具有组织化的日本，现在还不清楚共享拼车的运营主体是否是像优步公司那样以盈利为目的的民间企业，不过由于对这种服务本身的需求较高，实际上在一部分地区，以行政为主导，已经开始导入以确保老年人出行方式为目的的按需型出租车服务。

换句话说，如果没有代替私家车的移动需求，就很难想象保有私家车的人会放弃私家车，而完全转移到共享拼车。即使共享拼车的利润结构能够把驾驶员的人力成本维持在较低的水平，不过只要进行有人驾驶服务，跟只有车辆成本的移动出行服务和保有私家车相比，共享拼车在成本上和方便性上，都很有可能处于不利的位置。

（2）提供运输及物流的综合平台

第二个方向是通过服务菜单的多样化，提供运输及物流服务的综合服务平台。如果对优步公司开展的服务和国家进行整理，那么就可以做成服务菜单，并且大致将这些服务分为两种：一种是增加运输服务内容的服务，另一种是包括快递和外卖等最后一公里物流的服务（见P68-69图6-3）。

其中，尤其蕴藏着巨大可能性的是后者包括物流的服务。虽然这种服务会受到各国规则变化的影响，不过在最后一公里的物流网比较薄弱的地区（在日本，建有以大公司为主的快递网，是个例外），存在着发展空间。通过使用既存的营业基盘，从"人的送送"和"物的运输"两方面，共享拼车将向匹配平台的方向发展。

（3）使用自动驾驶汽车实现无人化

第三个方向是使用自动驾驶汽车实现无人化。在这方面，由于这将成为中长期的成长空间，优步公司有着强烈的发展愿望。从微观的经营成本结构的观点来看，如果不需要占成本大约一半的驾驶员的人力成本，那么在确保驾驶员等手续上，就可以大幅度提高效率，并且可能实现营业模式的转换。

不过，要实现无人化，在实现的技术难度之外，还存在着若干个经营方面的课题。第一个课题是通过实现无人化，究竟能够吸收多少新的需求。不仅在吸收既存的移动出行服务的需求方面，而且究竟能够吸收多少私家车的需求，将成为问题的关键。

的确，通过降低驾驶员的人力成本，可以提高经营者在成本上的竞争力。不过使用者并不是只根据跟保有私家车比较，按照"费用比效果"作出判断的。即使有人驾驶服务，在人口密度较高的地区经营性也较好。通过无人化，共享拼车服务的地区及城市能够扩大到怎样的范围，将成为问题的关键。

另外，在现有的有人驾驶服务中，作为资产，驾驶员保有汽车，而优步公司服务的商业模式是提供平台，在驾驶员和乘客之间进行匹配。如果使用自动驾驶汽车进行无人化服务，那么是"自己保有汽车，并成为垂直综合型的操作者"，还是"通过PtoP型，只做平台业务，连接无人驾驶汽车的所有者和使用者"，在这点上，所需的投资规模将发生变化。

有关第二个课题，优步公司的存在意义在于"向用户提供方便的移动出行方式"，以及"提供成为驾驶员的就业机会"。如果通过自动驾驶实现无人化，那么就意味着后一种的存在意义将被技术取代。在新兴国家，共享拼车的驾驶员作为新的职业，刚刚开始成为一种雇佣方式，因此在那里，优步公司的存在意义将受到质疑。

有关第三个课题，从使用者的角度来看，"使用自动驾驶汽车的共享拼车"的服务内容，和"使用自动驾驶汽车的出租车（机器人出租车）"，以及"使用自动驾驶汽车的共享汽车"相似。这样的话，谁将成为使用无人驾驶汽车的移动出行服务的提供者，将由到目前为止所分析的各国产业间的力量关系，尤其是其中的移动出行服务经营者的资本能力和影响力，以

图6-3　优步服务在主要国家的发展情况

		澳大利亚	新加坡	美国	加拿大	德国	
出租车叫车服务	UberTAXI等	✓		✓	✓		
标准车叫车服务	UberBlack等	✓	✓	✓	✓	✓	
环保车叫车服务	UberGreen等						
社会弱者叫车服务	UberAssist	✓		✓	✓		
饮酒时的代驾服务	UberAngel						
会英语驾驶员服务	UberEnglish						
对应大件行李车辆服务	UberBag						
拼车服务	UberPool等	✓	✓	✓	✓		
专用于上班的拼车服务（路线固定）	UberHOP			✓	✓		
专用于上班的拼车服务（路线不固定）	UberCommute			✓			
固定收费拼车服务	UberPlus			✓			导入期的服务
摩托车运送服务	UberMOTO						
直升飞机运送服务	UberCOPTER	✓		✓			
快递服务	UberRush			✓			
外卖服务	UberEATS	✓	✓	✓	✓		

※ 包括期间限定等飞行员服务
出处：以优步公司网站等为基础的理特管理顾问有限公司的分析结果

及这些力量关系背后的各国政府的想法决定。

　　如果优步公司也保有车辆，那么优步公司将跟既存的出租车经营者形成正面竞争的关系。因此，就会出现"各国政府或者汽车制造厂商是否允许"的问题。在结果上，在使用自动驾驶汽车的移动出行服务上，最终的行业结构将根据国家和地区的不同，发展成较为不同的形式。

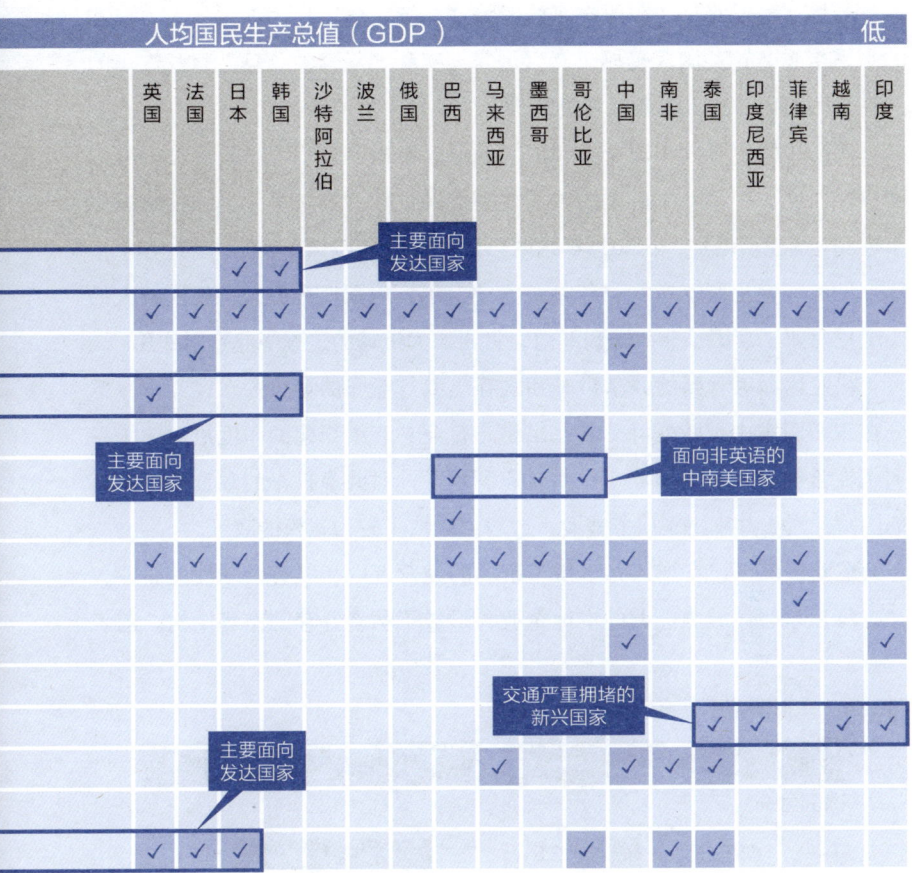

东盟（ASEAN）国家的新型移动出行服务

普及共享拼车和共享汽车等新型移动出行服务的潮流，不仅出现在发达国家，而且正波及到新兴国家。不过在新兴国家的普及方式上，存在着跟发达国家不同的地方。从现在开始，我们将特别介绍东盟的国家，在这些国家，移动出行服务正以其特有的方式不断地发展。

虽然在最近几年，东盟国家的经济在持续快速增长，不过从人力成本的水平来看，这些国家仍属于新兴国家。实际上跟驾驶员自己驾驶汽车的共享汽车相比，乘坐附带驾驶员的汽车的共享拼车更普及。

在东盟的主要六个国家（印度尼西亚、泰国、菲律宾、新加坡、越南和马来西亚）中，共享拼车的市场规模在2015年为25亿美元，预期将以每年近20%的速度增加，在2025年达到131亿美元（图6-4）。在这个过程中，新加坡和印度尼西亚在2015年是最大的市场，而预期今后人口规模较大的印度尼西亚、泰国、菲律宾和越南，将在扩大市场的过程中起牵引作用。

在发达国家看到的共享拼车和既存出租行业间的竞争关系，其中一部分在东盟国家中也随处可见。在出租车行业具有组织化的印度尼西亚（特别是在雅加达）和泰国等，一些政府制定了针对共享拼车的政策，而在其他国家，对于共享拼车服务普及，政府则采取了较为宽松的政策。

在此情况下，在加入共享拼车市场的经营者中，既有全球性的企业，又有只在东盟区域内经营的本地企业，形成了两者并存的市场结构。前者

图6-4 东盟国家中共享拼车的市场规模

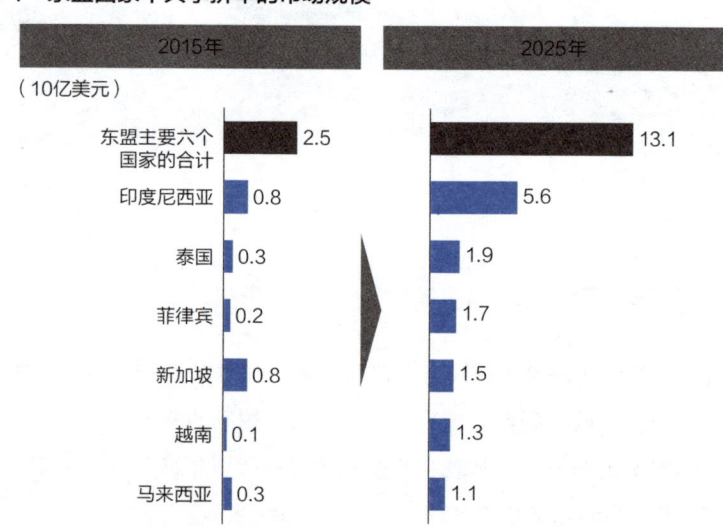

出处：淡马锡控股公司

的代表为优步公司，而后者代表为新加坡的Grab公司和印度尼西亚的GoJek
公司。在主要的六个国家中，除印度尼西亚外，在其他五个国家形成了由
优步公司和Grab公司构成的两强的市场体制，相比之下，在预期今后将成
为最大市场的印度尼西亚，GoJek公司则拥有较大的市场分额。

中间层的新型服务平台

出现这种情况的背景在于在东盟国家，特别是在印度尼西亚，共享拼
车市场的最大特点是使用两轮车（自行车）的共享拼车更为普及，这跟发
达国家中使用普通四轮车的特点不同。出现这种情况的最大原因在于雅加
达等大城市的交通拥堵非常严重。可以预测在印度尼西亚，在2025年的市
场规模中，大约七成将成为使用两轮车的共享拼车的市场。

实际上GoJek公司就是从使用两轮车的共享拼车发展起来的企业。作为
今后的事业发展方向，GoJek公司计划将在开拓法人顾客，以及外卖和快递
等物流行业的方面进行发展，并将服务区域扩大到地方城市，这样，基本
发展方向跟优步公司等以四轮车为主的共享拼车的发展方向几乎相同。

那么，在东盟国家中，实际使用共享拼车的究竟是哪些人呢（见下一
页图6-5）？以印度尼西亚（雅加达）为例，首先是占全体人口一成多的富
裕层人群，他们一般在移动的时候都使用附带驾驶员的私家车，很少使用
共享拼车服务。

其次是占人口大约一半不到的中上层人群，他们是共享拼车服务的主
要顾客，他们原来使用出租车或家庭用自行车，出于方便性和安全性等方
面的考虑，正在转而使用四轮及二轮的共享拼车。特别是在那些出租车交
通网还不发达的地方城市，普及共享拼车的空间较大。

紧接着是中下层人群，到目前为止他们主要使用自行车或公共交通，
由于共享拼车具有不需要换车、女性也能放心使用等优点，他们正在转而
使用以自行车为主的共享拼车。特别是女性，到目前为止虽然心里不安也

图6-5　转向共享拼车的用户结构（雅加达）

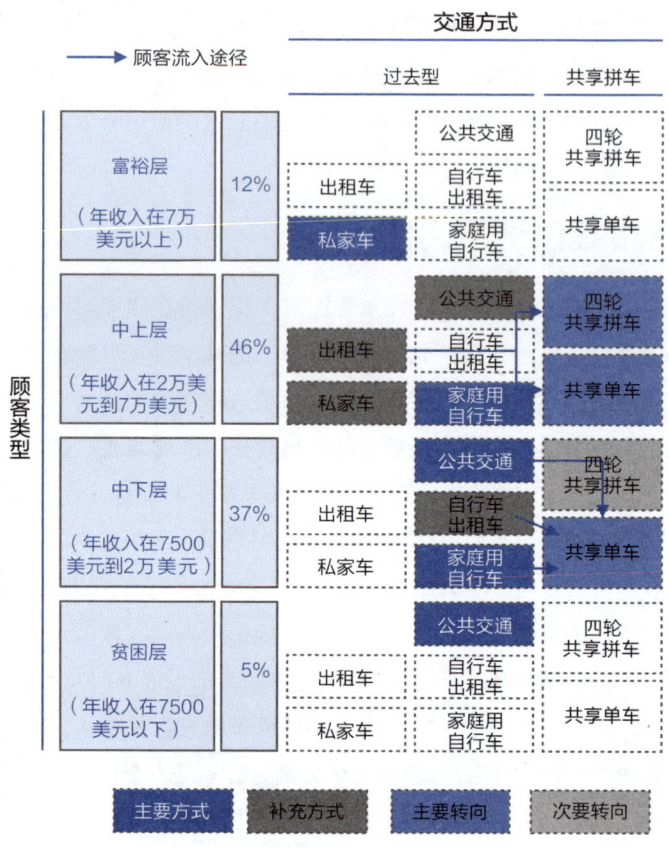

出处：依据实地采访进行理特管理顾问有限公司分析的结果

只能骑车上班，现在也正在向以自行车为主的共享拼车转移。从这些情况中还可以看出共享拼车对两轮车的需求产生的影响。

最后是贫困层人群，在很多情况下，这部分人出于经济原因，很难拥有作为共享拼车的前提条件的智能手机，因此也很难使用共享拼车。

如上所述，在东盟国家中，作为面向日益扩大中间层人群的新型服务，共享拼车服务将继续普及。

第7章

作为移动出行服务的
物流市场

在第五章和第六章中，我们以使用汽车运送"人"的运输服务为主分析了现状。在本章中，我们将考察运送"物"的物流服务的市场。我们还将特别考察具体在哪些方面，存在着普及自动驾驶和新型服务的可能性。

居高不下的货车运输的比例

在物流市场中的陆上运输领域，货车运输量与各国的经济增长率相关，并且一直在发生变化。最近几年，货车运输量在日本和欧洲保持不变，在美国稳定成长，而在中国则快速成长。由于跟铁路运输等其他运输方式相比，一般来说货车运输会增加二氧化碳的排放量，在欧洲和日本等地区，都出现向其他运输方式转移（模式转移）的趋势。

不过实际上，即便在模式转移最普遍的欧洲，在整个物流市场，货车运输所占的比例几乎没有发生改变，并且在"最后一公里"的运输领域，货车运输的比例正在增加。在日本，快递包裹的数量以每年3%左右的速度

图7-1　快递包裹的数量（日本）

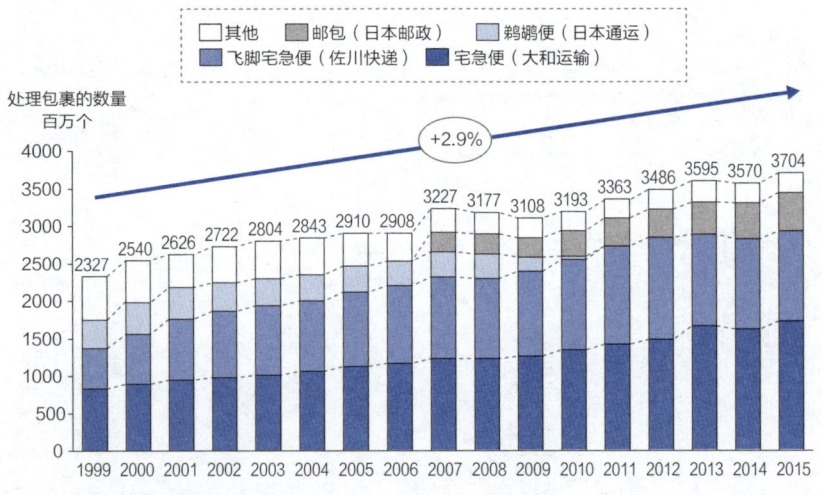

出处："快递等业务的实际业绩的相关资料"（国土交通部）

持续增加，在2014年到2015年的一年中，则增加了1亿个以上的包裹（**图7-1**）。将各个国家相比较的话，日本的快递市场规模大约为2兆日元，而美国大约为5兆日元，欧洲大约为6兆日元，而中国大约为4.4兆日元，相对而言，海外的快递市场规模更大。

快递市场成长的背景在于电商市场的成长（**图7-2**）。在日本，电商的市场规模为13兆日元以上，这样的规模已经超过了便利店的市场规模。不过，电商在整个零售业中所占的比例仍然不到5%，还具有成长的空间。快递市场成长的原因在于随着网上超市的兴起，快递的范围从过去的书籍、衣服和家电等，扩大到了食品、饮料和杂货等各种日用品（见下一页**图7-3**）。其中，中年以上的妇女使用网上超市的频率较高，由于不想搬重物等因素，她们使用快递的频率也较高。

在这种情况下，尤其是在日本，物流公司的驾驶员不足的问题日益严重。在经营者的总成本中，人力成本占了近五成（其中驾驶员为近四成），而且跟其他产业相比，物流产业的驾驶员工资较低，并且劳动时间较长。

图7-2　电商的市场规模（日本）

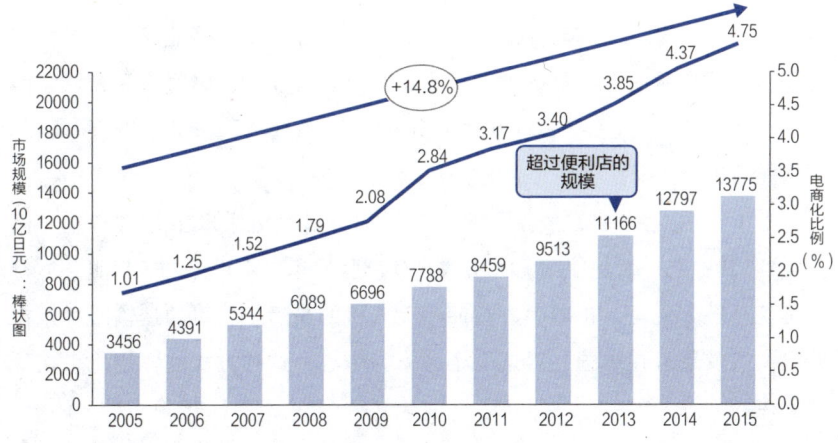

出处："对电商交易的实际情况的调查"（经济产业部）

图7-3 电商的商品类别的市场规模（日本）

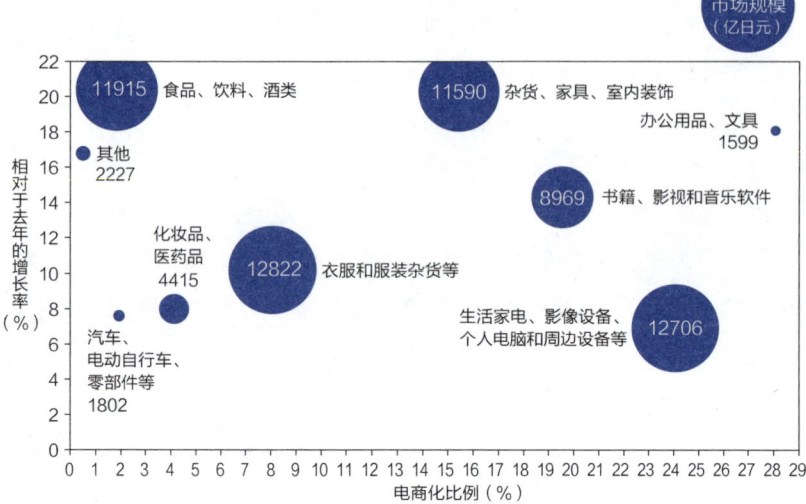

出处："电商交易的实际情况的调查"（经济产业部）

物流公司的成本结构跟巴士及出租等运输行业相同，其结果是驾驶员的老龄化问题也日益严重。

从产业结构的观点来看，虽然在企业间经营BtoB（企业对企业）物流的经营者越来越向专门化的方向发展，不过在快递和国际物流等领域，由于获得经营成功的主要方式是扩大服务网络，在这些领域垄断在日益加剧，而这样的趋势在全世界是共通的。

为了解决这些课题，各国的经营者都针对物流采取了各种行动（图7-4）。其中之一就是使用无人机或自动驾驶汽车，实现无人送货服务。特别是亚马逊等公司，正着手进行使用无人机的最后一公里的运输服务。在美国，以及最近在中国，以这两个国家为中心，这种方式的实用化正在受到关注。

另一个行动是将运送人的运输服务和物流服务相融合。在这方面也出

图7-4　自物流领域的新型移动出行服务的事例

开展地区		行业	相关企业	所提供的服务	服务类型	需求类型
日本		旅客	东京地铁、东武铁路、佐川快递、日本邮政、大和运输	通过铁路进行物流的实证实验	使用既存的客运服务，进行客货混载的运输	经营者的需求　商品运输的效率化
		旅客	宫崎交通、大和运输	通过公交车运送快递包裹		
		小壳	亚马逊	（无人机）Prime Air	货物运输汽车的无人化	
		物流	大和运输、DeNA	机器猫大和		
欧洲	德国	物流	敦豪	（无人机）Parcelcopter 3.0		
	英国	创新企业	Starship Technologies	送货机器人		社会的需求　为购物弱者提供服务
美国		零售	亚马逊	（无人机）亚马逊无人机		
		零售	达美乐比萨	达美乐机器人		
		零售	史泰博、谷歌	谷歌快递	面向零售业经营者的代理送货服务	
		零售	沃尔玛、优步、来福车	通过共享拼车的汽车提供送货服务	使用共享拼车的平台，进行客货混载的运输	

出处：以各种二次信息为基础的理特管理顾问有限公司的制作

现了各种服务，例如，在日本的人口稀少地区，经营者正在尝试通过使用既存的巴士运送快递包裹。而在海外正在普及的服务是，通过优步科技公司等经营的共享拼车服务，将顾客在网上超市订购的商品送到顾客家中。

物流服务的发展过程

在这样的现状的基础上，我们可以将物流服务的发展过程分为以下三种，即（1）干线运输、（2）物流中转站（连接干线物流和末端运输的物流据点）和（3）最后一公里（**图7-5**）。

（1）干线运输的最大课题是大型货车的驾驶员不足，这不仅在日本，而且在欧美也正在成为严重问题。虽然铁路的运输量正在增加，不过铁路还不具有代替货车的运输能力，在短期内，将不得不通过货车的大型化来应对这种不足。

图7-5　各国的物流网中自动驾驶的应用可能性

		日本	美国	欧洲
		自动驾驶①		
（1）干线运输		在日本的高速公路上，不仅车流量较大，而且车道较少且较窄，变更车道比较困难。货车的无人驾驶和列队行驶较困难	对于连接国土东西的数千公里的干线运输，对自动化的需求较高，正在导入无人驾驶和追踪行驶	对于跨越边境的长距离的干线运输，正在推行货车的自动驾驶和追踪行驶
（2）物流中转站		自动驾驶② 对中转站内排队几小时等待卸货的车辆，将导入无人自动停车软件	挂车型为主流，在中转站内可以将挂车的部分分开，因此不需要自动停车	挂车型为主流，在中转站内可以将挂车的部分分开，因此不需要自动停车
（3）最后一公里	城市	既存的运输经营者送货成为主流	在需求高峰期，使用共享拼车的车辆，按照货载份额进行货客混载的运输	由既存的运输经营者进行送货成为主流
	地方	使用无人送货车的卸货不能实现自动化，普及上受到限制	自动驾驶③ 通过无人自动送货服务，将货物送到顾客的院门前，再用无人机将货物送入院中	使用无人送货车的卸货不能实现自动化，普及上受到限制

从既存系统而来的变化　　○ 有变化　　△ 可能有变化　　✕ 没有变化

出处：理特管理顾问有限公司

因此，对于使用自动驾驶技术的列队行驶，或者（高速公路的）完全自动驾驶等，人们的期待较高（不过，跟列队行驶相关的，还有机械连接等其他较为现实的方法）。另外，在运输距离较长、公路较宽的欧美等，作为更为现实的解决方案，在干线运输中的自动驾驶化也受到人们的期待。

作为（2）物流中转站的课题，随着干线运输量的增加，存在着运输负荷向特定时间集中的问题，还存在着在物流中转站内，分拣货物的人手不够的问题。另外在日本，由于牵引车和挂车不能分离的大型货车是主流，作为日本的固有问题，还存在着由于中转站内排队时间较长而带来的驾驶员的劳动（工作）时间长的问题。

为了解决这些课题，受到关注的是使用机器人技术，减轻物流中转站内分拣货物的业务负荷，或者实现自动化。另外，作为代客泊车的一种衍生服务，在物流中转站内通过实现货车的（低速）自动驾驶，可以缩短驾驶员的工作时间，这种方式跟在高速公路上实现自动驾驶一起，也将成为使用自动驾驶技术的较为现实的方式。

最后一公里的应对是课题

在（3）最后一公里，作为日本最紧要的课题，是如何解决由重复送货的比例上升而带来的非效率化的问题。今后经营者将导入比较现实的解决方案，例如在别墅住宅区设置快递柜，或者提高快递费等。不过，在最后一公里使用自动驾驶技术，要让这种方式成为较为现实的解决方案，还需等待一定时间。其原因是要实现从送货车辆到顾客家中的自动送货，在市中心等人口稠密地区仍非常困难。

不过，从全球来看，作为更为本质的需求，在美国、新兴国家和日本的人口稀少地区，由于快递网密度较低，在这些国家或地区存在着"怎样构建或扩建最后一公里网"的课题。在这方面，优步公司通过为沃尔玛公司的网上超市提供代理送货服务等，通过共享拼车服务的"客货混载"等方式，有可能将经营业务扩大到物流。另外，亚马逊公司和达美乐公司等正在开始尝试进行无人机送货，在美国等对物流服务的品质期待较低的国家和地区，无人机送货可能走向实用化。

另外，考虑到使用轿车等小型汽车的话，自动驾驶技术的难度将比较低，而实现自动（无人）驾驶的话，将不再需要驾驶员的人力成本，那么就像在航空业，由于"波音787"那样的小型长途飞行的机型的出现，航空业的游戏规则发生了改变那样，在物流行业，"点到点型"服务方式也有可能代替以物流中心为中转站的"中转站和辐射型"服务方式。从这种观点出发，我们有必要思考在物流行业，使用自动驾驶技术将会带来怎样的影响。

第 **8** 章

从用户的角度
来看变革移动出行
服务的需求

到前面一章为止，我们考察了现有的移动出行服务行业的课题，并在此基础上考察了各种移动出行服务的进化方向。在本章中，我们将站在自动驾驶和移动出行服务的最终受益者，即最终用户（一般消费者）的立场上，在使用私家车的实际情况，以及今后对自动驾驶和移动出行服务的接受程度上，对各国的特点进行考察。

各国使用私家车的实际情况

私家车的使用方式在各国各不相同，尤其是在发达国家，大致可以分为四种方式（图8-1）。第一种是以上下班为主的使用方式。在这种方式中，特别会在工作日的早晚等固定时间使用汽车，并且如果是双职工家庭，那么原则上，不是每个家庭拥有一辆车，而是每人拥有一辆车。另外，很多情况下在地方上，每次的行驶距离为数十公里，并且在休息日等上下班

图8-1 私家车用户的类型

	多 ←——————————— 使用频率 ———————————→ 少			
用户分类	类型A：以上下班为主	类型B：以日常家务为主	类型C：老年人群	类型D：以周末使用为主
地区	地方（和城市）	地方（和城市）	地方（和城市）	（地方和）城市
主要用途	上下班 + 娱乐	购物和接送等	购物和去医院等	购物 + 娱乐
使用频率	每天	几乎每天	每周二到三次	每周一到二次
行走距离	1万km/年（20～30km/日）	5000km/年（10～20km/日）	2500km/年（10～20km/日）	5000km/年（10～20km+50～100km/周）
年龄层	二十岁到六十五岁（劳动年龄）	二十岁到六十五岁（劳动年龄/非就业者）	六十五岁以上（老年人群）	二十岁到六十五岁（劳动年龄）
性别	男性和女性	女性	男性和女性	男性和女性
预想今后变化的因素	·开车上班的比例 ·劳动方式的改革（弹性工作制、在家办公的普及等）	·女性的就业率 ·电商的普及率（包括生鲜食品） ·失业率	·老年人口 ·外出的频率 ·家庭的收入（领取的退休金的金额）	·外出的频率（电商的普及） ·家庭的收入

出处：理特管理顾问有限公司

82

以外的时间也会经常使用私家车，因此在这种方式中，实际上几乎每天都要使用私家车。

第二种是以购物或者家人的接送等家务为主的使用方式。在日本，比较典型的例子是居住在地方的家庭主妇乘坐小型汽车的情况。第三种跟第二种方式相似，不过使用者为老年人。就日本而言，第二种方式随着女性就业率的上升而正在减少，而相反地，第三种方式随着人口老龄化的加剧而正在增加。

最后的第四种是以周末为主，在娱乐或购物的时候使用私家车的方式。使用这种方式的是居住在市中心，平时使用公共交通工具上下班的家庭。在很多情况下，所有形式为每家一辆车。

那么使用这些方式的用户比例，在各国，进一步地，在第二章中所说的城市类型上，存在着怎样程度的差异呢？首先在各国，共通的是以上下班为主的用户群最多，而且在以上下班为主的使用中，人口密度较低的地方成为主要组成部分（图8-2）。

图8-2　各国的私家车用户的分布

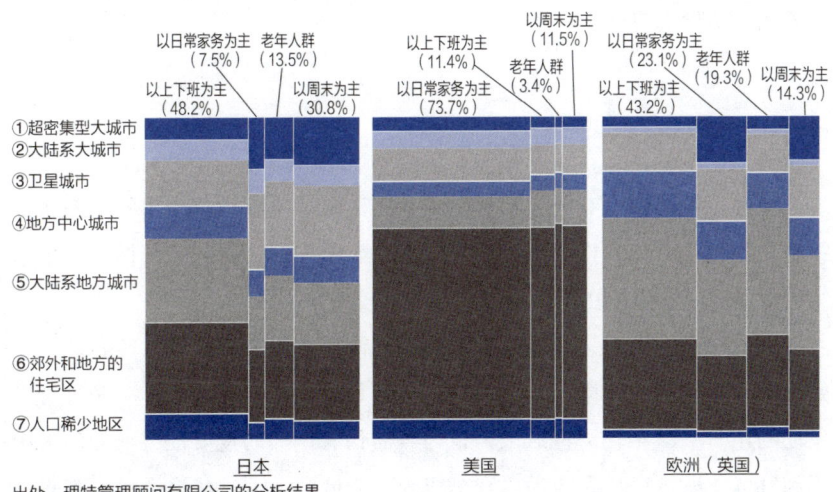

出处：理特管理顾问有限公司的分析结果

不过，以上下班为主的用户群所占的比例，在日欧和美国存在着相当大的差异。在日本和欧洲（英国），这部分人只占不到全体的50%，而相比之下，在美国，这部分人的比例则超过70%。在上下班的时候，很多情况下移动时间都不满一小时，不过由于发生了在同一时间段一起移动的需求，基本上上下班所需的汽车数量就是最低限所需的汽车数量。

相比之下，来看上班用途以外的比例的话，日本的话，以周末为主使用汽车的用户群占全体的大约30%，而且在这些人中近半数的用户在人口密度较高的大城市或者这些大城市的卫星城市保有汽车。在这样的地区，公共交通机构比较完备，并且很多情况下像共享汽车那样的移动出行服务也能实现盈利。因此在结果上，在这些地区，共享汽车代替私家车将容易实现。

欧洲的话，跟周末使用的用户群相比，以日常的家务为主的用户和老年人群的比例较大。特别是在以家务为主的用户群中，大约1/3的人在大城市或者这些大城市的卫星城市保有汽车。不过美国的话，上下班以外用途的用户比例较小，而且在大城市或者这些大城市的卫星城市保有的汽车比例也较低。因此从服务经营者的盈利性的观点来看，公共交通或移动出行服务代替私家车的难度较大。

用户对自动驾驶的接受程度

其次，我们来看对于自动驾驶和共享汽车等次世代移动出行服务，最终用户的接受程度。根据本公司对世界中十个国家进行调查的结果，可以知道根据国家不同，在接受程度上存在着较大的差异。

日本的话，作为一种身份象征而保有汽车的重要性，跟欧美各国几乎处于同一水平，而比中国和韩国要低。另外，在觉得保有汽车是一种身份象征的用户中，年轻男性居多。认为今后保有汽车的重要性将降低的人则不到20%。虽然年轻人的远离汽车成为一个课题，不过从这个数据来看，并不能得出这样的结论。

实际上，由于共享汽车的普及而愿意放弃私家车的用户是有限的，在日本，特别是在地方上这种倾向较强，而在数十万人以下规模的城市，有这种想法的人只占全体的20%~30%（图8-3）。

看各个年龄层的情况的话，日本的特点是老年人转而使用共享汽车的需求较高（见下一页图8-4）。不过，在个人间出借私家车的PtoP型共享拼车的使用意向（是否愿意将自己保有的私家车在共享拼车中出借）上，日本最为消极。同样地，对于停车位的共享服务，接受度也较低。从根深蒂固的新车信仰中也可以看出，日本的话，将自己的所有物，即便是暂时借给（或借用）他人，这种方式本身跟日本人的价值观严重不符。

对自动驾驶持肯定态度的日本

对于自动驾驶，日本是仅次于中国、韩国等其他亚洲各国，持肯定意

图8-3　通过共享汽车代替私家车的可能性（国家+居住城市）

	居住者人数 500万人以上	居住者人数 100万~500万人	居住者人数 25万~100万人	居住者人数 5万~25万人	居住者人数 1万~5万人
中国	78%	82%	85%	88%	40%
法国	68%	62%	53%	48%	43%
德国		60%	57%	49%	44%
意大利		68%	52%	63%	57%
日本	49%	44%	36%	33%	-20%
韩国	49%	45%	36%	65%	-13%
西班牙	54%	46%	47%	45%	48%
瑞典		57%	53%	45%	38%
英国	64%	53%	45%	49%	45%
美国	48%	46%	44%	46%	36%
平均	59%	56%	51%	53%	38%

出处：理特管理顾问有限公司

图8-4 通过共享汽车代替私家车的可能性（国家+年龄）

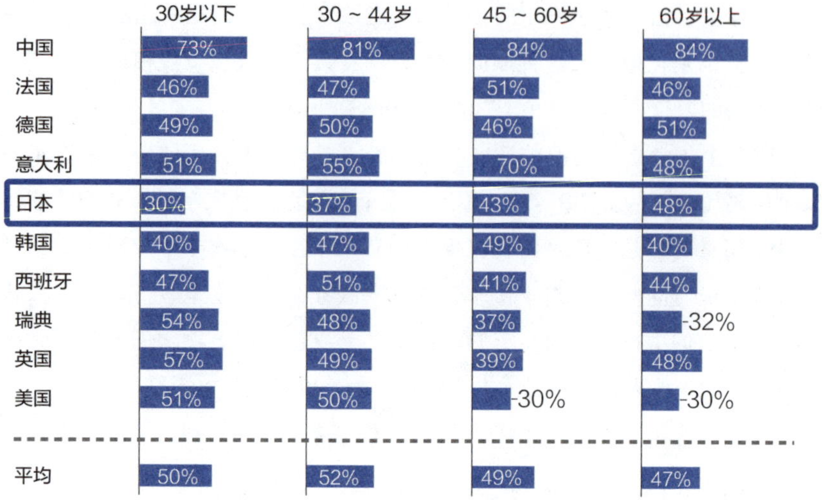

	30岁以下	30～44岁	45～60岁	60岁以上
中国	73%	81%	84%	84%
法国	46%	47%	51%	46%
德国	49%	50%	46%	51%
意大利	51%	55%	70%	48%
日本	30%	37%	43%	48%
韩国	40%	47%	49%	40%
西班牙	47%	51%	41%	44%
瑞典	54%	48%	37%	32%
英国	57%	49%	39%	48%
美国	51%	50%	30%	30%
平均	50%	52%	49%	47%

出处：理特管理顾问有限公司

见的人数相对较多的国家，并且几乎不存在各个年龄段间接受程度的差异。另外，作为自动驾驶汽车的提供者，对于丰田汽车和日产汽车等既存的（日系）汽车制造厂商，人们的信赖感和期待感较高，这也是日本的一个特点（**图8-5**）。

以同样的观点来看其他国家的趋势的话，在美国，在共享汽车和自动驾驶上，接受程度都出现了两极分化。特别由于年龄层的不同，接受程度的差异较大。年轻人对于共享汽车（特别在PtoP型共享汽车上，这样的倾向更加明显）和自动驾驶，接受程度都较高。

不过，在回答将保有汽车作为一种炫耀的人中，年轻人的比例也较高，在年轻人中，对汽车的兴趣也出现了两极分化的趋势。另外，作为自动驾驶汽车的提供者，跟丰田并列，对于谷歌公司和苹果公司等信息技术系企业，人们的期待较高，这是美国的一个特点。

而在欧洲，则需要认识到区域内各国间的差异。例如，作为一种身份象征而保有汽车的重要性，在德国、英国和意大利等都较高，而在法国和

图8-5　对自动驾驶汽车提供者的信赖程度（国家+品牌）

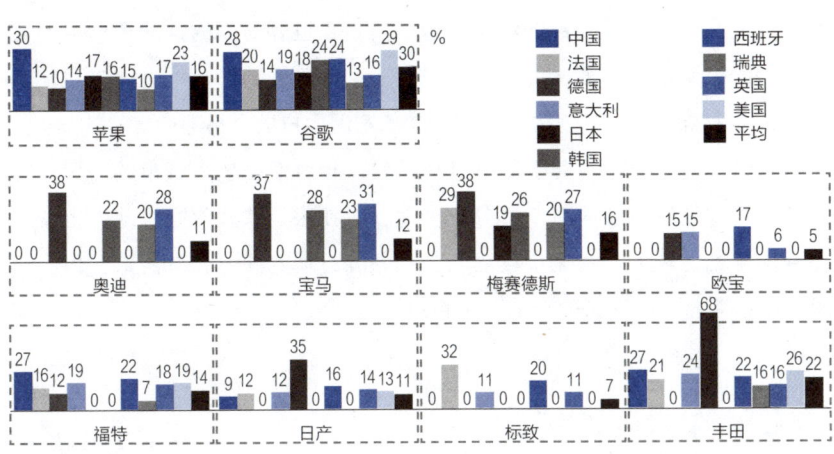

出处：理特管理顾问有限公司

瑞典等则较低。

　　另外，觉得保有汽车是一种身份象征的人的比例，在德国等大多数国家都是男性的比例较高，而只有法国是女性的比例较高。实际上，认为保有汽车的重要性将降低的用户只占不到全体的1/5，特别是在德国和英国，认为重要性将降低的人较少。之所以形成这样的情况，可能主要是中等规模的城市较为分散的地理上的原因。

　　对于共享汽车代替私家车的可能性，各国相同，在人口为100万以上的大城市，一半以上的人回答有可能放弃私家车，并且在大城市共享汽车代替私家车的可能性较大（不过，跟日本等亚洲国家相比，欧洲的大城市的比例和大城市的人口比例本来就比较小）。

　　实际上从国家来看，在欧洲国家中，有意思的是在人口比较集中在大城市的意大利，回答可能放弃私家车的人的比例也较高。对于PtoP型共享汽车，态度最开放的是意大利和西班牙等南欧各国，可以说这也显示了这些国家特有的气质。

　　另外调查结果显示，在自动驾驶的接受程度上，最为宽容的是西班牙，英国和法国居中间，最为否定的是德国和瑞典（**图8-6**）。在自动驾驶的技术开发上，自己国家的汽车制造厂商走在世界前面的这两个国家，最终用户的接受程度却最低，这可以说是一个讽刺的结果，不过同时也能看出，这两个国家的汽车制造厂商都经受了本国用户的严格考验。

从居住地区来看，对于完全自动驾驶，相对而言从大城市的居民中得到的肯定意见较多。而对于部分自动驾驶，在很多欧洲国家，地方上的人持肯定意见的较多。在完全自动驾驶和部分自动驾驶上，有需求，但在需求上存在着差异，这是欧洲的一个特点。

呈现特殊倾向的中国

倾向更加明显的是中国。首先跟其他国家相比，作为身份的象征而保有汽车的重要性在中国最高，而且其中女性的比例较高，这是中国的一个

图8-6　对完全自动驾驶汽车的接受程度（国家）
问题：您会使用完全自动驾驶的汽车吗？

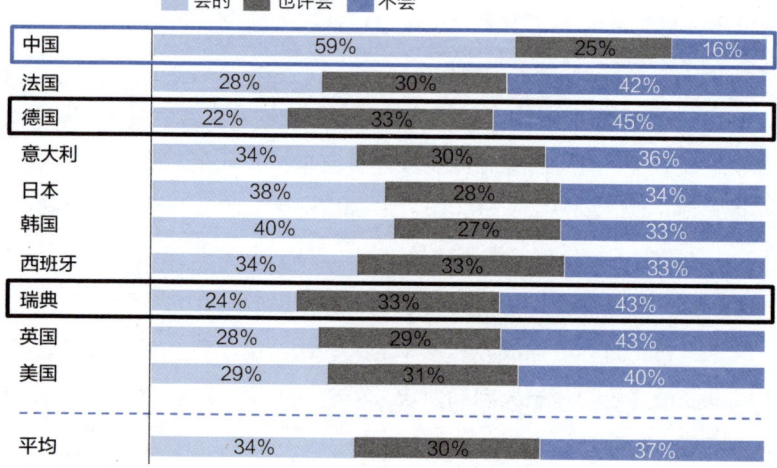

出处：理特管理顾问有限公司

特点。不过，认为将来保有汽车的重要性将降低的用户比例，也是中国最高，而反过来，回答今后重要性将上升的用户的比例，同样是中国最高。在对于汽车的兴趣上，可以说在中国也明显地出现了两极分化的趋势。

实际上在中国，愿意放弃私家车的用户以城市居民为主，约占全体的80%，跟其他国家相比，具有压倒性的优势。看各个年龄段的话，跟日本相同，在老年人群中对共享汽车的需求较高，不过跟日本相反，对于PtoP型共享汽车的接受程度也较高，这也是中国的一个特点。现在，在日欧正在普及的驾驶员自己驾驶的共享汽车上，在中国的普及程度有限，不过在城市的移动出行服务上，既存的出租车行业通过滴滴等叫车平台提高效率，也就是所谓的共享拼车服务正在不断进化。如果考虑到这些方面的使用意向，那么可以说调查结果是跟中国的实际情况相一致的。

在对自动驾驶的接受程度上，在中国，近60%的人表示接受完全自动驾驶，这跟其他国家相比，具有压倒性的优势。可以看到这点反映了中国汽车市场的特殊性，即通过保有汽车显示身份的需求比较强烈的同时，通过驾驶获得乐趣的汽车大众化文化还不成熟。

跟男性相比，女性对自动驾驶的接受程度较高，这也是中国特有的倾向。对于这个结果，也可以这样来看，这是因为走上社会的女性较多，女性将乘坐私家车作为一种炫耀身份的方式，不过在实际开车的时候，由于路上的交通礼仪较差，经常会在安全上受到其他车的威胁等，很多情况下女性又觉得开车比较危险。

如上所述，对于自动驾驶技术，在中国存在着根深蒂固的潜在需求，另外，在对自动驾驶汽车提供者的信赖程度上，跟美国相同，以年轻人为主对信息技术系企业的信赖程度较高。

第 **9** 章

国家和各级政府
推动移动出行服务的变革

到前面一章为止，我们分几次考察了移动出行服务经营者的情况，以及最终用户的接受程度。在这章中，我们将考察的是世界各国的政府和各级政府，根据民间经营者的动态和个人的需求，对于导入自动驾驶和次世代移动出行服务将采取怎样的态度。

从政府角度来看导入的三个目的

对于自动驾驶和移动出行服务，从政府的角度来看，导入的目的（论

图9-1　各国政府对普及自动驾驶和移动出行的方针

		政府全力推行的方针		
		日本	美国	
ADAS/自动驾驶		对于货车的列队行走，以及在停车场和人口稀少地区的专用车道等，计划在这些限定的区域内，首先从商务车开始导入ADAS和自动驾驶	正在计划一个每年投入400亿日元的项目，并且正在快速推进法律条文的制定和路线图的制作	
交通法规（建设专用车道和限制其他车辆驶入的车道）		已经建成公共交通专用车道、可变车道、行人或自行车的专用车道，不过只在限定的区域内导入了专用车道	积极地导入高乘载车道和续高乘载车道，以及公共交通专用车道（公交车免费车道），另外在城市中正在积极增加自行车专用车道	
共享	共享汽车	由于车主有义务提供车库证明，有充足的停车场，相对而言对于共享汽车，政府的好处不多，政策上也仅限于对于随借随还型共享汽车，政策上有所放宽	以提供交通弱者的对策和缓解城市停车场的不足等为目的，对共享汽车提供资金上的资助，并对共享汽车的停车场采取优惠措施	
	共享拼车	由于交通拥堵没有其他国家那样严重，并且个体经营出租车的门槛较高，共享拼车只存在于出租车较少的人口稀少地区等	为了减轻交通拥堵和应对交通弱者问题，许多地区都允许共享拼车	
移动出行困难者的对策		作为移动出行困难者的对策，政府提出紧凑型城市的概念，并对此较为重视	在挑战智能城市（Smart City Challenge）的活动中，交通弱者的应对问题成为一项重要内容，不过基本上是政府只提供最基本框架	
城市交通基础设施的建设		作为移动出行困难者的对策，政府提出紧凑型城市的概念，正在计划建设全面的交通网	与其说是建设新的交通基础设施网，不如说是主要通过快速公交系统和共享拼车等，将基础设施补充完整	

■ 积极地推进　■ 只是放宽规定（没有像其他国家那样倾尽全力）　□ 几乎没有采取措施

出处：以各国的公开信息为基础的理特管理顾问有限公司的制作

点）大致可以分为三个，即"振兴产业和地区"、"解决社会性课题"和"维持既存的社会秩序"。

在第一个目的"振兴产业和地区"上，"进攻性"方面的内容较多，例如提高开发自动驾驶技术的本国汽车制造厂商的全球竞争力，或者通过导入新型的移动出行服务，提高城市的魅力和竞争力等。在第二个目的"解决社会性课题"上，"积极防守性"方面的内容较多，例如减少交通事故和交通拥堵，或者对老年人和低收入者等移动出行困难者提供出行支援等。这两个目的，在导入新技术和新服务中都起到促进的作用。

	欧洲	中国
	每年投入约1000亿日元进行研究开发。在货车列队行走的研究上，走在世界的前列	为了改善环境，计划在3~5年之内，在干线道路上实现ADAS和自动驾驶的实用化
	导入快速公交系统的专用车道和自行车专用车道，并对大型货车进行收费等（另外，为了调节交通流量，实施奇偶牌照的规定）	在一部分的城市，开始导入巴士专用车道和快速公交系统专用车道
	为了减少路面停车，各级政府都正在导入路面停车型的共享汽车	市场在有限的范围内
	个体经营出租车的门槛较高，并且只有很少地区认可通过短途运营盈利的共享拼车	由于使用出租车时也可以拼车，减少交通拥堵的效果不大，虽然政府在2016年8月允许共享拼车，不过态度并不积极（可能计划进一步导入运输效率更高的项目）
	已经在推进低路面的有轨电车和建设徒步城市上获得进展，不过聚焦在移动出行困难者上的对策较少	随着人口老龄化的迅速推进，有的地方进行对老年人友好的城市建设，不过现在只限于公交免费等措施
	与其说是正在计划进行交通基础设施的建设，不如说是正在计划实现多模式交通系统的无缝化等	正在计划建设铁路和快速公交系统等，以大规模的运输基础设施为主

而在第三个目的"维持既存的社会秩序"上，其内容是如何维持现有的交通秩序等，在"防守"的方面。特别是社会已经具备了一定的安全感，并处在让人放心的状态的时候，这个方面将会起到较大的作用。换一个角度来看的话，这个方面会受到政府内管理部门的左右。

在日本，经济产业部主要发挥振兴产业和地域的作用，国土交通部主要发挥解决社会性课题的作用，而警察厅等则主要发挥维持既存的社会秩序的作用。国家的整个政策受到这些管理部门间力量平衡的左右。在治安和交通秩序方面，跟其他国家相比，日本的社会环境较为安全和让人放心。因此在日本，通过导入新型服务和新技术，让这种安定的状态发生转变，这种报酬机制很难成立。

在牢记这些情况之后，我们来看各个国家的相关政策（见P102-103图9-1）。首先对于ADAS（ADAS）和自动驾驶，各个国家都主要从振兴产业的观点出发，或对研究开发进行资助，或放宽了各种规定，或修改了法律条文。其中，在对研究的资助上，欧洲每年投入相当于1000亿日元的财政收入，美国每年投入相当于400亿日元的财政收入，而相比之下，在日本，正如第三章所讲的那样，由于汽车产业具有较大的剩余资本的投资能力，而各个汽车制造厂商从技术性的可行性出发，在开发新技术上都采取比较谨慎的态度，因此政府所提供的资助也在比较有限的范围内。

从振兴产业的观点出发对自动驾驶的政策支持

不过，从解决社会课题的方面来看，由于自动刹车等一部分的ADAS的功能，可以直接减少交通事故，正在推行实际搭载的义务化。不过虽然自适应巡航控制系统（ACC：Adaptive Cruise Control）具有减轻交通拥堵的效果，不过在购买具备ACC等功能的汽车的补助上，由于这些功能对减轻交通拥堵的效果还不明显，或者仍旧存在着误操作的风险等，政府提供补助的可能性较低。

　　那么，自动驾驶的情况又怎样呢？实现自动驾驶的目的，与其说是为了减少交通事故的死亡率，还不如说是为了提高用户（驾驶员）的便捷性和方便性（进而提高汽车这种商品的魅力），因此从政府的立场出发，要找出振兴产业以外的目的并进行政策支持，是比较困难的。

　　在这样的情况下，要实现自动驾驶，最现实和最实际的官方支持的方式就是设定专用车道，或者对于驶入特定区域的普通车辆进行限制等，这些措施将降低自动驾驶实际的技术难度。从这种观点出发，我们对各国的既存措施进行了整理（见下一页图9-2）。

　　目前的现状是自动驾驶技术还处于开发的阶段，还没有任何国家或城市正在导入自动驾驶汽车的专用车道和驶入规定。在建立特定车辆的专用车道上，这些专用车道包括既存的公交或者货车的专用车道、可以促进拼车型共享拼车普及的"高乘载车道和续高乘载车道"、以及建立可以转而用于低速汽车（LSV）的自行车专用车道等，跟其他国家相比，在日本导入这些车道的地区都非常有限。

　　形成这种情况的原因在于，跟其他国家相比，在日本，即使在干线公路，车道的数量也较少，这是由于城市的密度较高的地理上的制约所带来的结果。这样的情况就意味着，在实现完全自动驾驶的过程中（特别是在导入初期的几个特定的阶段），日本的情况较为不利。

　　在新加坡等，正在导入"路线方案"，即在交通高峰时段，对驶入城市的汽车收取额外费用。另外，为了减少大气污染，以欧洲和中国为中心，越来越多的地区正在采取措施对驶入城市的汽车进行限制。在日本，对于这样的规定，从优先既存用户的方便性的观点出发，政府的态度都比较消极。在今后移动出行系统的变革中，这点会给日本带来处于被动的潜在风险。

对共享服务的态度

　　那么对于共享汽车和共享拼车等移动出行服务，各国政府的态度又如

图9-2 各国的专用车道和驶入规定

	跟专用车道和驶入规定相关的各种措施的情况			
	日本	美国	德国	法国
限制流入的车量	只限于首都高速横羽线上的车费打折券。在正在计划的地区中，只有京都市和镰仓市等几个有限的城市取得了进展	在旧金山等一部分地区，正在推行区域收费，不过以高乘载车道和续高乘载车道为主流	只有以回收道路维修费为目的，对货车按照行驶距离进行收费的措施	根据不同的时间段和线路，提供不同的路线方案，以及对驶入车辆的车牌进行限制等，正在导入各种措施
高乘载车道和续高乘载车道（HOV/HOT）	没有导入事例	在旧金山、洛杉矶和芝加哥等城市，广泛地导入高乘载车道和续高乘载车道	正在计划建立混合动力车等才可以驶入的环保车道（不过还未实施）	没有导入事例
公交车专用车道	建设了1000公里的公交车专用车道和公交车优先车道，正在推进的是通过监控摄像头，让车辆遵守交通法规	不是用划线来指定公交车专用车道，较多的是建立与其他车分开的专用车道，现在正在使用的专用车道超过三十条	让公交车行驶在废止1960年前后的有轨电车的车道上，并将这样的车道发展为公交车专用车道。现在车道还未被延长	有的地区正在导入比有轨电车更便宜的快速公交系统，并在专用车道上运用CIVIS算法
货车专用车道	只在高速公路上，存在对货车限制行驶车道的措施，不过没有列队行驶的专用车道	不只对货车的行驶车道进行限制，而且在CA正在讨论建立货车的专用车道	以高速公路等为中心，建有货车的专用车道（并已导入按照行驶距离进行收费的制度）	存在对货车的行驶车道进行限制和收费的措施，不过没有列队行走的专用车道
自行车专用车道	建有约1000公里的自行车专用车道，不过人行道和汽车的车道并没有完全分离	建有八百公里的自行车专用车道，预定将延长到近二千公里。自行车专用车道基本上在汽车的车道内，也有一部分跟汽车的车道分离	已建有七万公里的自行车专用车道，并正在建设自行车专用的高速公路	巴黎市内已建有七百公里的完全分离型的自行车专用车道，并将在2020年之前继续扩大自行车专用车道

■ 已普及 ■ 计划中，或者缓慢进展中 ▨ 没有进展

出处：以各国的公开信息为基础的理特管理顾问有限公司的制作

何呢？在第五章中我们曾说过，在日本，作为加速普及共享汽车的背景，由于加强了对违法停车的监管，投币停车的市场正在扩大。

为了让共享汽车使用起来更方便，可以采取"自由流动型"或"按需型"的服务方式，而在向这两种方式转变的过程中，跟其他各国相比，在日本由于对路上停车的监管较严，很有可能处于不利的位置。在共享拼车的规则上，由于共享拼车跟出租车行业存在着竞争关系，日本也最严峻。不过，即使在欧洲国家，要取得出租车的营业执照也存在着一定的门槛，

	英国	中国	东南亚国家联盟	印度
	在伦敦的白金汉宫周围进行收费等，进行区域收费	除了对汽车的购入数量进行限制以外，跟伦敦一样正在计划采取区域驶入限制的措施	在新加坡，导入了路线方案，此外在印度尼西亚，正在计划导入相同的方案。还有对牌照的规定	有可能正在讨论导入路线方案，不过还没有明确的计划
	没有对车道的限制，而是限制最大流量，进行区域限制	在一部分的城市，导入高乘载车道，并确认了这种车道的实际效果	没有导入事例	没有导入事例
	只在伦敦，建有三百公里以上的公交车专用车道，通过设置监控摄像头让车辆遵守规则	在第十二个五年计划中宣布将要建成交通网，正在推进建立公交车专用车道	以印度尼西亚为中心，导入了公交车专用车道，在今后的导入计划上，也以印度尼西亚为中心	在德里、普纳和金纳等城市正在导入公交车专用车道，今后预定将继续导入公交车专用车道
	在高速公路上对货车的行驶车道进行限制，不过没有货车的专用车道	没有货车的专用车道	在圣诞节等特别时间会建立专用车道，但没有常设专用车道的例子	没有货车的专用车道
	以伦敦为中心，正在加快建立跟人行道和汽车车道完全分离的自行车专用车道	在北京等大城市，正在建设自行车专用车道，而在其他地区，在很多情况下，自行车的专用车道并没有跟其他车道分离	在泰国，正在计划建立三千公里的自行车专用车道，而在新加坡，正在计划建立七百公里的自行车专用车道（其他国家几乎没有这方面的计划）	只有在金纳，建有八十公里的自行车专用车道，在班加罗尔建有四十公里的自行车专用车道，而且并没有跟其他车道分离

在出租车市场相对成熟的国家或地区，对共享拼车的规则都比较严格。

从另一个方面来看，共享拼车还将成为移动出行困难者的对策。在这方面，日本走在了其他国家的前面。在日本，共享拼车成为政策议题，在考虑了其他公共服务效率的前提下，以政府为主导，正在推行"紧凑型城市的构想"，即在人口规模为30万的地方城市圈或向周边扩大的居住区域，将城市功能向市中心集中，提高政府提供服务的效率。从建设城市基础设施的观点出发，这项政策还具有确保公共（建设）工程需求的效果。在

图9-3 富山市的私家车保有数量（跟导入轻轨运输系统的关系）

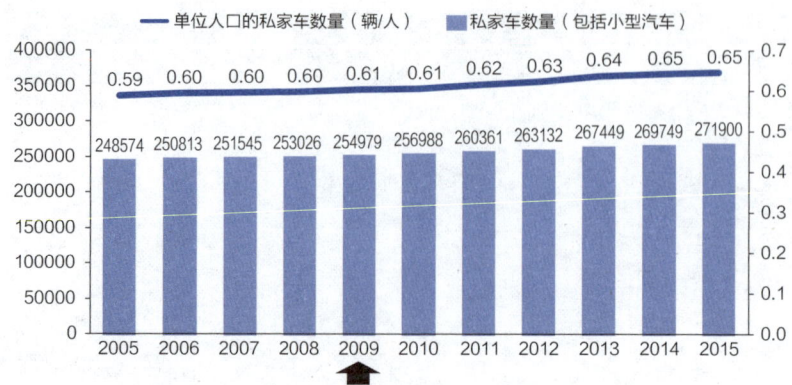

开始实行紧凑型城市计划

出处：以富山市的资料为基础的理特管理顾问有限公司的制作

图9-4 各国的城市政策

	日本	美国	
城市政策的方向	建设紧凑型城市，实现区域公共交通网的最适化	各个城市对各自的课题进行总体对应，提倡智能城市建设（Smart Growth）	
背景课题	随着地方的空洞化和人口的老龄化，单位人口的行政成本增加	确保社会弱者的交通出行方式，并对城市的杂乱无章的扩张进行控制等	
为了实现以上目标所采取的具体措施	• 制定有计划的适当选址的的制度（引导住宅地和商业设施进入不同的区域，并计划建设市内交通网） • 在构建区域交通网上，制定有计划的制度（让整个交通网的再构成变得容易）	• 联邦政府的措施：Smart City Challenge（城市印象和创意比赛） • 各级地方政府制定基本计划和总体规则	
担当部门	国土交通部	• 美国运输部（DOT） • 各州政府	
对象城市的规模	城市圈为30万人（单个城市为10万人）	30万人~80万人的城市	
采取措施的城市	• 富山县的富山市 • 香川县的高松市等	• 俄亥俄州的哥伦布市 • 加利福尼亚州的旧金山等	
设想中的次时代交通系统	轻轨运输系统、按需型巴士和合乘出租车 +自行车等个人移动出行方式	快速公交系统 +共享拼车	

出处：以各国的公开信息为基础的理特管理顾问有限公司的分析结果

2020年的东京奥林匹克运动会和残疾人运动会之后，这项政策很有可能成为拉动基础设施投资的新动力。

如果能够集中人口并将人口密度提高到一定程度，那么在交通方式上，在这样的地区，就有可能建成具有较高运输能力的公共交通系统。实际上，富山市作为日本紧凑型城市的先驱，已在导入轻轨运输系统（LRT），用来满足老年人和未成年人等交通弱者的移动出行方面的需求。

在交通方式上发生根本性改变的城市，都存在着共同的特点，即民间的交通行业经营者（其中很多是铁路行业经营者）同时运营城市铁路、公交和出租车等多种公共交通服务。在富山市，富山地方铁路在导入和运营轻轨运输系统上起到很大的作用。不过，在富山市，在导入轻轨运输系统之后，私家车的数量并没有减少，公共交通（移动出行服务）和私家车存在着共存的可能性（**图9-3**）。

欧洲	中国
在维持自然环境、农业用地、历史风貌和经济性的同时，推行可持续发展的城市模式	以公共交通为中心（Transit Oriented）的城市结构
人口老龄化（特别在英国）和雇佣对策（特别在法国和英国）等	由于人口向大城市集中而引起交通拥堵，并由此加剧了大气污染
• URBACT III （凝聚力政策（Cohesion Policy）中的一项措施，为了建设可持续发展的城市，对模范城市提供补助金） • EPSON 2014-2020 （同样是凝聚力政策中的一项措施，为了有效地利用空间，对这方面提供补助金）	• 公交都市计划（Transit Metropolis Program） （为了建设以公交为中心的城市，选出对其他城市有示范作用的领头城市，制定城市规划等）
• 俄电商旗下的区域及城市政策理事会（DGRUP：Directorate General for Regional and Urban Policy)	交通运输部
数10万人到100万人以上	100万人以上
• 法国的斯特拉斯堡市 • 德国的施滕达尔县	• 北京市 • 深圳市等
铁路、轻轨运输系统和巴士 +共享汽车 +自行车等个人移动出行共享方式	铁路和快速公交系统 +共享拼车 +自行车等个人移动出行共享方式

在日本以外的国家，在数十万人规模（在中国为数百万人规模）的中等城市，重新构建城市的交通系统也正成为一大社会课题（见P98-99图9-4）。在美国，从2015年开始，在联邦政府（运输部）的主导下，以"挑战智能城市"的比赛方式，进行新的城市规划。另外在美国，交通弱者对策不只针对老年人，由于经济原因而不能拥有私家车的贫困层人群也是这项政策的对象，这是美国的一个特点。

相比之下，欧洲有着自己的历史背景，欧洲的城市圈都是从过去的城市要塞发展而来的。由于既存的公共交通网比较发达，在很多地区，与其

图9-5　无缝移动出行服务的导入实例

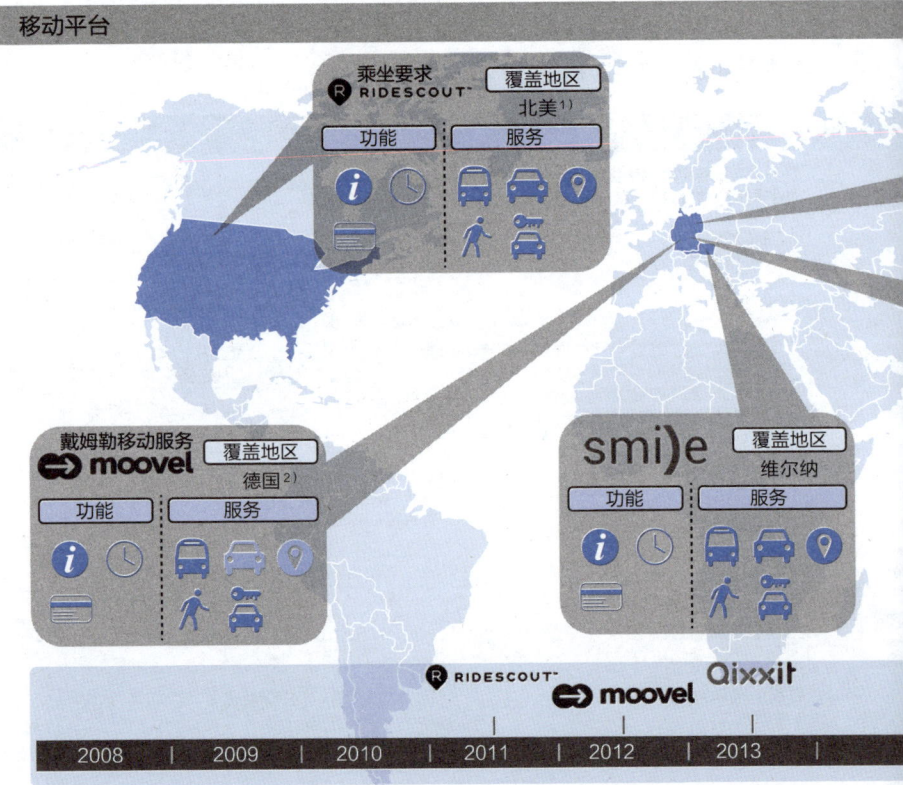

说是在导入新型的公共交通基础设施和移动出行服务，还不如说是在导入
"无缝移动出行服务"，并跟既存的公共交通系统相互衔接。

移动出行系统进化的例子：无缝移动出行服务

从现在开始，我们将考察"无缝移动出行服务（MaaS：Mobility as a
Service）"，无缝移动出行服务是以欧洲为中心正在普及的一种进化的移动
出行系统。

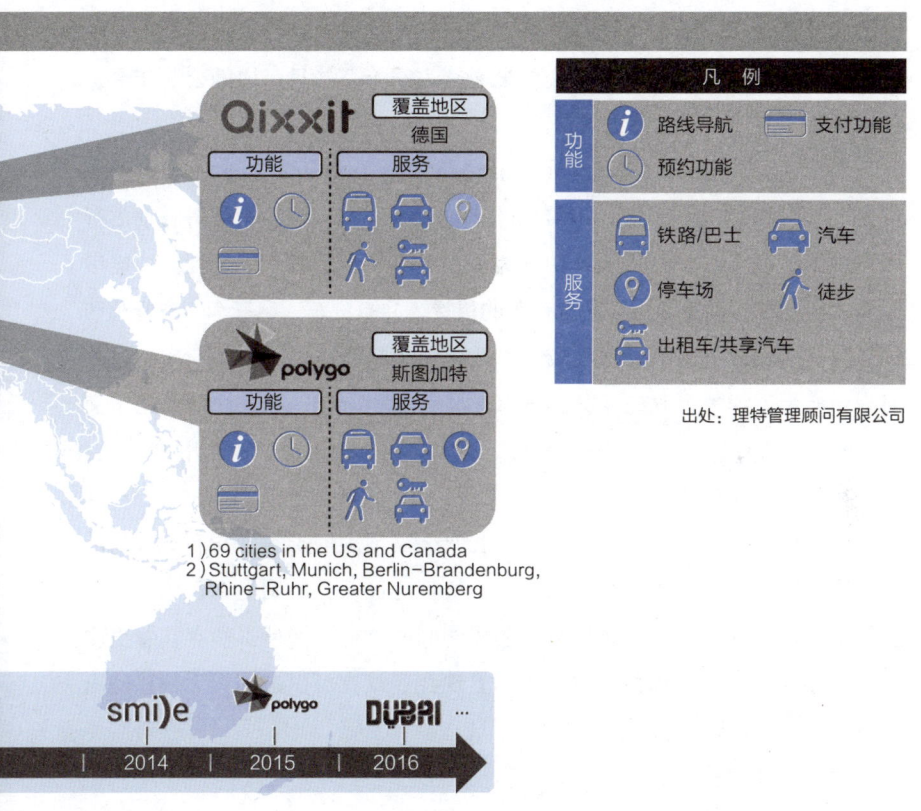

1）69 cities in the US and Canada
2）Stuttgart, Munich, Berlin−Brandenburg,
　Rhine−Ruhr, Greater Nuremberg

出处：理特管理顾问有限公司

所谓的无缝移动出行服务，就是将所能使用的各种交通方式综合起来，提供从出发点到目的地的最佳路线的检索、车站信息等整个路线信息的服务。这里的交通方式不仅包括铁路、巴士和飞机等公共交通机构，而且还包括租车和自行车租赁，以及最近出现的共享汽车和共享拼车等分享系服务。在日本，这种方式的代表就是导航仪和"谷歌地图"上的路线检索的功能。在欧美，无缝移动出行服务不仅用于路线的比较上，而且作为一种移动出行服务，这种平台型的服务由于能够一次性地完成路线上的各种交通方式的预约和支付，正在越来越普及（见P100-101图9-5）。

在导入无缝移动出行服务中走在前面的欧洲

无缝移动出行服务在欧洲特别普及，其背景是到目前为止我们也曾说过的，以城市为中心的既存的公共交通较为完善，并且市内的公共交通机构由各级政府的交通局负责运营。

例如，在维也纳，"SMILE (Smart Mobility Info and Ticketing System Leading the Way for Effective E-Mobility Service)"是欧洲的无缝移动出行服务中的代表，在SMILE服务中，为了在一个平台上实现综合性的一连串服务，即电车、巴士、租车和自行车的租赁，共享汽车、私家车、自行车和徒步等各种交通方式的路线比较，以及各种预约和支付，在2014年，以政府为中心带动相关企业，开发了SMILE服务（图9-6）。最终由维尔纳市交通局开发了面向智能手机的应用软件，并正在通过使用这个软件开展服务。

在结果上，在维尔纳市，使用公共交通的比例从29%上升到39%，与此同时，使用私家车的比例从40%下降到27%等，成功地带来了出行方式的巨大改变。不过，在日本，由于很多交通机构为民营，特别是在预约和支付功能上，各个交通机构都采用自己公司的服务软件，因此虽然存在着很多好的检索路线的服务软件，然而实际上现在还没有可以被称为无缝移动出行服务的综合性服务软件。

铁路公司主导的服务

在欧洲，另一大趋势是有的铁路公司也正在采取行动实现无缝出行服务。在这方面，特别值得一提的是德国铁路（Deutsche Bahn），德国铁路公司为德国最大的铁路经营者，在无缝出行服务上走在了其他公司的前面。

图9-6　Maas系统的引进事例：维也纳的SMILE* 项目

未来的构想
· 综合各种交通方式，在一个平台上实现从路线比较到预约·支付的所有服务
· 除轻轨、巴士等公共交通之外，还可以将租车、自行车租赁、共享汽车、自行车、私家车和徒步等各种交通方式放在一起进行横向比较

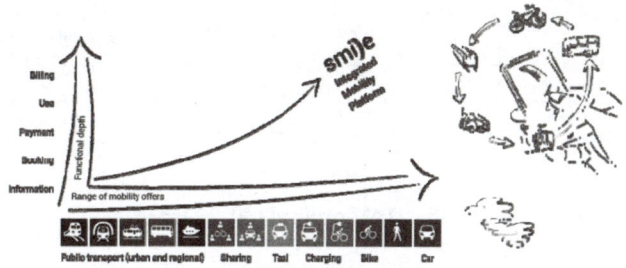

实际验证的内容
· 在2014年，以行政为主广泛地带动各个相关企业，进行了由1000名用户参与的实证实验

出处：理特管理顾问有限公司

* SMILE : Smart Mobility Info and Ticketing System Leading the Way for Effective E-Mobility Service

图9-7　先进事例：德国铁路的2020年蓝图

事　例　　　　　Deutsche Bahn-Vision 2020

与共享汽车等其他交通方式主动积极地开展各种合作

Integrated mobility solutions　Vision

We integrate all intermodal transport services

Door-to-door
- Door-to-door information
- Online ticket
- Mobility BC 100
- Parking at the station
- Connect to local public transport

- from door-to-door comprehensively and across regions
- using internal as well as external service providers
- using intelligent mobility management

to deliver customer-oriented mobility solutions!

Station-to-station

From a train operating company..　　　　　... to mobility manager

出处：德国铁路（Deutsche Bahn）

图9-8　先进事例：德国铁路"BeMobility联盟"的启动

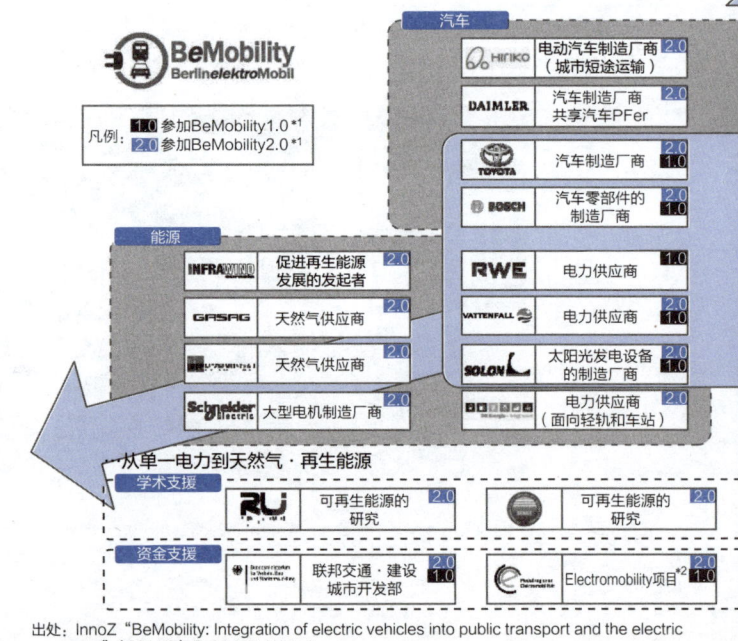

凡例：
1.0 参加BeMobility1.0 *1
2.0 参加BeMobility2.0 *1

汽车

Hiriko	电动汽车制造厂商（城市短途运输）2.0
DAIMLER	汽车制造厂商 共享汽车PFer 2.0
TOYOTA	汽车制造厂商 2.0 1.0
BOSCH	汽车零部件的制造厂商 2.0 1.0
RWE	电力供应商 1.0
VATTENFALL	电力供应商 2.0 1.0
SOLON	太阳光发电设备的制造厂商 2.0 1.0
	电力供应商（面向轻轨和车站）2.0

能源

INFRAWIND	促进再生能源发展的发起者 2.0
GASAG	天然气供应商
	天然气供应商
Schneider electric	大型电机制造厂商 2.0

从单一电力到天然气·再生能源

学术支援
| RLI | 可再生能源的研究 2.0 |
| | 可再生能源的研究 2.0 |

资金支援
| | 联邦交通·建设城市开发部 2.0 1.0 |
| | Electromobility项目*2 2.0 1.0 |

出处：InnoZ "BeMobility: Integration of electric vehicles into public transport and the electric grid"（2014/3）、BeMobilityWebsite

德国铁路公司提出的理念是，将自己的公司定义为"移动出行的服务经理"，而不是单纯的铁路操作员，从提供车站间的移动方式，到提供门到门的综合交通服务，不断地扩大自己的服务范围（**图9-7**）。德国铁路公司除了铁路服务以外，还提供范围广泛的与交通有关的各种服务，例如经营共享汽车、租车和自行车租赁，以及在车站提供飞机票的预约、出租车的预约、办理登机手续等。

为了进一步加速开展无缝出行服务的进程，德国铁路公司还跟政府合作，在一个名为BeMobility的跨行业合作联盟中担任领头人，并负责运营（**图9-8**）。为开发出开放式创新模式下的新型移动出行服务，该联盟主要在汽车、公共交通机构、能源3个领域展开讨论和实证研究。

在这方面，日本也呈现出不断发展的趋势。例如，JR东日本在2017年9月成立了以变革移动出行为目的的联盟。通过无缝出行服务，提高交通服务的便利性，这将成为今后移动出行服务的一大趋势。

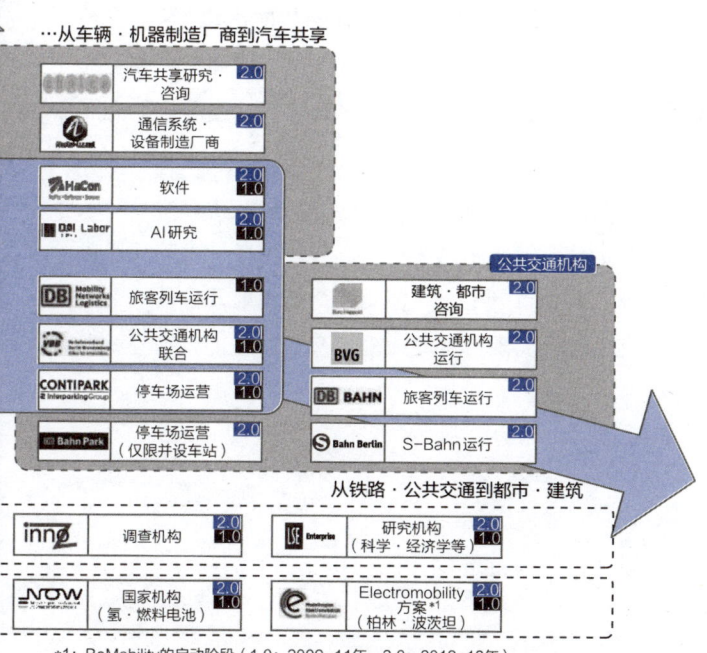

*1：BeMobility的启动阶段（1.0：2009-11年、2.0：2012-13年）
*2：联邦交通・建设・都市开发部门所管的方案

世界主要城市的交通系统的实力

以公共交通为中心的无缝型交通系统，将成为城市交通系统的理想形式，从这种观点出发来看交通系统的话，现在世界上各个城市的交通系统处于怎样的水平呢？理特管理顾问有限公司与公共交通经营者的国际机构公共交通国际联会（UITP：Union Internationale des Transports Public）合作，共同实施了"未来城市交通研究（The Future of Urban Mobility study）"，对世界主要城市的交通系统水平进行了定期评价。在这项研究中，对世界上84个城市的城市交通系统，从"成熟程度（11个项目）"和"功能性（8个项目）"两方面进行了综合评价（图9-9）。

从评价结果来看，在地域上，目前欧洲各个城市的交通系统最为成熟，功能性上也具有优势（见P108图9-10），这些欧洲城市在建设公共交通系统和实现无缝型交通服务上，都走在其他地区的前面。不过即使在发达国家，对于交通系统以汽车为主的北美各个城市，总体评价则较低。

相比之下，对于中南美的各个城市和亚洲太平洋地区的各个城市，评价则较高，之所以出现这样的结果，是因为这些地区中的很多国家都曾经是欧洲国家的殖民地，因此在城市交通系统的设计上，受欧洲思想和系统的影响较大。从城市来看，中国香港在排行榜上名列第一，接着依次为斯德哥尔摩、阿姆斯特丹、哥本哈根和维也纳（见P108图9-11）。

评价排行榜前几位的城市在交通系统上的共同特点是，相对于总的交通量，公共交通、徒步和自行车的使用比例较高，另外这些城市的交通机构都实现了网络化。不过在总体得分上，即使是排行榜上前几位的城市的得分，跟满分还有很大差距，在实现综合的无缝型交通服务上，这些城市依然有很多课题亟待解决。

图9-9 未来城市交通研究的评价指标（Urban Mobility index）

对于交通系统的实力，从交通系统的发展情况和其发展结果的交通系统性能的视点出发进行评价。

成熟程度（最高58分）	
项 目	得 分
1. 公共交通价格上的魅力 Financial attractiveness of PT	4
2. 使用公共交通的频率（相对于总交通量） Share of PT in modal split	6
3. 使用自行车或徒步的频率（相对于总交通量） Share of zero - emission modes	6
4. 道路的充实程度（相对于区域面积） Roads density	4
5. 自行车专用车道的比例（相对于区域面积） Cycle path network density	6
6. 城市的集中程度（相对于区域面积） Urban agglomeration density	2
7. IC卡的渗透程度（相对于人口） Smart card penetration	6
8. 共享自行车的渗透程度（相对于人口） Bike sharing performance	6
9. 共享汽车的渗透程度（相对于人口） Car sharing performance	6
10. 公共交通机构的运营频率 PT frequency	6
11. 公共部门的积极性 Initiatives of public sector	6

功能性（最高42分）	
项 目	得 分
1. 运输部门的CO_2排放量（相对于全部的CO_2排放量） Transport related CO_2 emissions	4
2. NO_2排放量 NO_2 concentration	4
3. PM_{10}排放量 PM_{10} concentration	4
4. 交通事故数量 Traffic related fatalities	6
5. 公共交通的使用比例的增加 Increase of share PT in modal split	6
6. 自行车及徒步的使用比例的增加 Increase of share of zero - emission modes	6
7. 从家到工作地点的时间 Mean travel time to work	6
8. 保有汽车的比例（相对于人口） Density of vehicles registered	6

出处：理特管理顾问有限公司的"对未来城市交通研究2.0版"

图9-10 未来城市交通研究的地域排行榜

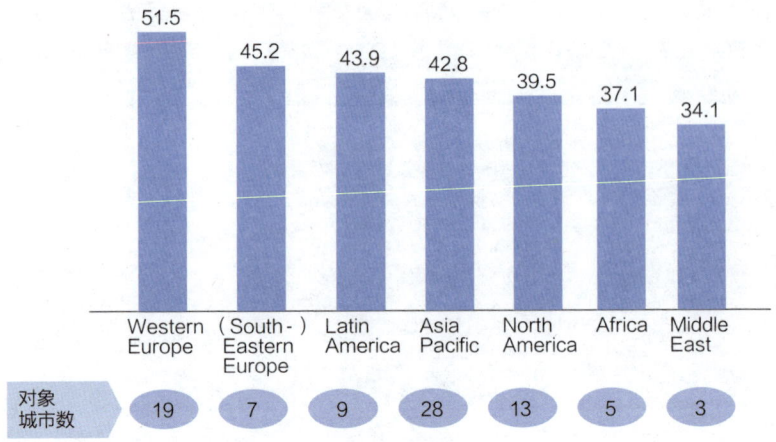

出处：理特管理顾问有限公司的"未来城市交通研究2.0版"

图9-11 未来城市交通研究的城市排行榜

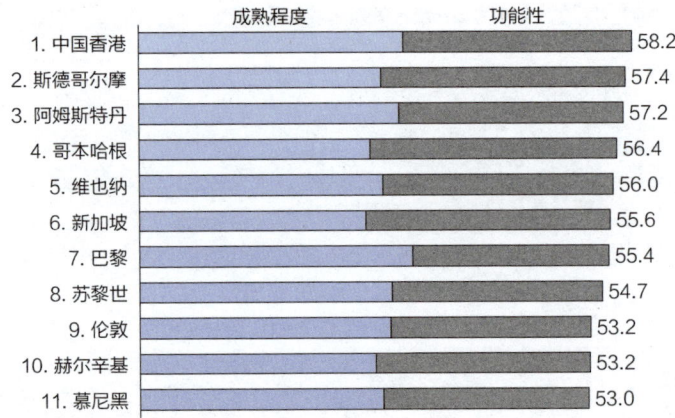

出处：理特管理顾问有限公司的"未来城市交通研究2.0版"

第 10 章

考虑开发自动驾驶汽车时的"关键"

到目前为止，有关次世代移动出行服务的普及，以及在次世代移动出行服务中自动驾驶技术的运用，我们分别以乘客、物流和私家车为着眼点进行了考察。在本章中，我们将考虑要实现自动驾驶，技术开发上的关键。

自动驾驶技术所需的技术，存在于已经在私家车上实用化的ADAS的延长线上，现在面向ADAS的技术开发，将为实现自动驾驶的实用化奠定基础。

不过，今后为了实现可能成为巨大市场的自动驾驶的实用化，需要在正确理解自动驾驶的技术内涵和经济性的基础上，对实现商业化的具体流程进行探讨。首先我们从（1）自动驾驶的算法等软件开发；（2）传感器和电子控制单元（ECU：Electronic Control Units）等组合元件；（3）事故等发生时的责任问题三个观点出发，对自动驾驶技术进行梳理。

附加价值向软件转移

有关第一点软件开发，在现在的ADAS中，号称有1000万行的程序，而预期在自动驾驶中，程序的行数将增加到1亿行。对于汽车的年销售量（包括非自动驾驶的汽车，以下相同）达到1000万辆的整车制造厂商（OEM），如果分析他们在2030年的时候的自动驾驶功能的成本结构，那么可以预测自动驾驶的附加车辆价格将为35万日元，其中软件的开发费用占到接近二成（图10-1）。另外，可计算出自动驾驶汽车的软件开发费用总额将超过500亿日元，将这些开发费用分摊到汽车的销售价格上，最后在车辆的价格中，跟硬件的开发费用相比，软件的开发费用所占的比例将变高。

相比之下，对于汽车的年销售量为100万辆的整车制造厂商，可以计算出仅软件的开发费用就占成本的六成，将不可能通过附加价格进行汽车销售。像这样，为了开发自动驾驶汽车，需要投入巨额的研究和开发（R&D）资金，而最终这些投资都将反映到车辆价格上。如果考虑自动驾驶汽车的成本核算，那么可以算出如果整车制造厂商的年销售量达不到500万辆以

图10-1　2030年的自动驾驶汽车的附加费用（自动驾驶LEVEL3以上）

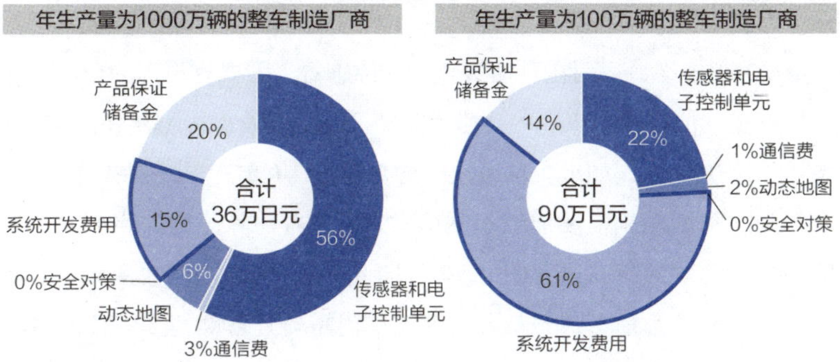

年生产量为1000万辆的整车制造厂商	年生产量为100万辆的整车制造厂商

产品保证储备金 20%
系统开发费用 15%
0%安全对策
动态地图
6%
3%通信费
合计 36万日元
56%
传感器和电子控制单元

产品保证储备金 14%
传感器和电子控制单元 22%
1%通信费
2%动态地图
0%安全对策
合计 90万日元
61%
系统开发费用

出处：理特管理顾问有限公司

上，那么就很难收回投资。例如，在日本，丰田汽车集团、雷诺日产三菱汽车集团在自动驾驶的自主开发上能够实现盈利，而年销售量只有500万辆前后的本田则可能很难进行自主开发。

不过，德国的博世公司和大陆集团（Continental）公司等汽车零部件供应厂商，以及旗下有美国谷歌公司的美国阿尔法特公司的子公司美国Waymo公司和美国的苹果公司等信息技术企业也都在进行自动驾驶汽车的开发。

由于这些企业可以将自动驾驶技术销售给好几个整车制造厂商，所以在自主开发上也可能实现盈利。本田汽车公司在2016年宣布跟Waymo公司进行合作，与其说这次合作在技术开发上具有较大的意义，还不如说为了自动驾驶汽车在商业上能够实现盈利，而不得不进行这样的合作。

ADAS延长线上的自动驾驶装置

其次，我们考虑第二点技术装置。为了实现自动驾驶，就要有检测车辆周围交通环境的传感器，还要取得用自己车辆的传感器检测不到的交通环境信息，并且还要有用来升级软件通信装置、规划自己车辆动作的演算处理装置以及让车辆按计划行驶的控制装置（见下页**图10-2**）。其中的车载通信装置和控制装置，由于也搭载在现在的ADAS车辆上，在这里，我们将只考虑感应技术和演算处理装置。

　　跟ADAS相比，运用在自动驾驶上的传感器，需要有更高的精度，并且需要具备全方位检测和识别的功能（图10-3）。例如，在ADAS中的自动制动系统（AEB）中，如果车辆减速时的加速度为0.8G，并正在以60km/h的速度行驶，那么车辆需要能够识别前方20m左右的障碍物。相比之下，在一般的自动驾驶的行驶过程中，车辆以0.3G左右的加速度缓慢减速的话，需要识别的距离为前方50m左右，因此车辆需要具备高精度的传感器，从而能够识别比既存的ADAS更远的距离。进一步讲，如果假设车辆在高速公路上以自动驾驶的方式行驶，那么就需要能够识别前方近150m的距离。像这样，为了具备自动驾驶所需的远距离的识别能力，就要提高传感器的性能。

　　另一方面，用在ADAS中的摄像头，解析度为100万像素到近200万像素，最近又开始出现使用800万像素摄像头的方案。出现这种情况的背景

图10-2　自动驾驶中需要的信息和处理流程

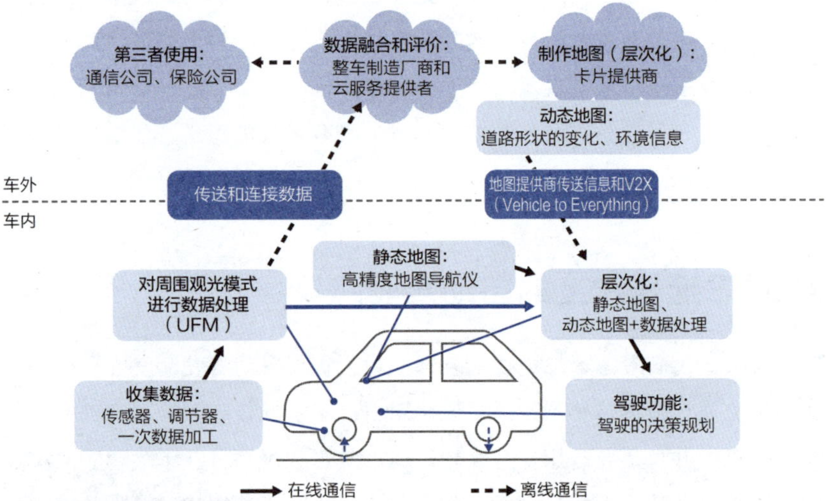

出处：理特管理顾问有限公司

是，自适应巡航系统（ACC）正在走向实用化，而自适应巡航系统所需的识别距离比自动制动系统更长。像这样，ADAS正朝着缩短跟自动驾驶的传感器的差距的方向，不断进化。

演算处理装置向高性能化发展

为了随时处理从高精度的传感器中获得的大量数据，演算处理装置正在向高性能的方向发展。例如，在使用摄像头的图像识别上，对于路上的白线这样的几何形状固定的识别对象，可以通过运用"霍夫（Hough）变换"这种计算量较少的算法，由中央处理器（CPU）进行顺序处理。

不过，当车辆和行人等多个物体同时存在，并且这些识别对象具有复杂形状的时候，就要通过深层学习进行识别。由于通过深层学习进行画像识别需要进行大量的循环计算，如果用中央处理器进行顺序处理，那么会很难随时对数据进行处理，这时就要用到擅长循环计算的并行计算技术。

为了实现并行计算，到目前为止使用的是用于图像处理的图像处理器（GPU），在图像处理器领域，深受瞩目的是美国的英伟达（NVIDIA）公司，英伟达公司一直在制造用于个人电脑的图像处理器。现在英伟达公司

图10-3　自动驾驶汽车的识别范围

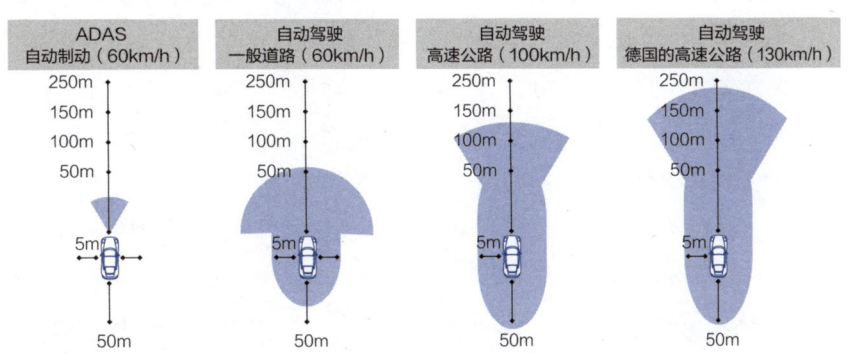

出处：理特管理顾问有限公司的分析

正在跟丰田、德国的戴姆勒公司、奥迪公司和美国的特斯拉公司等这些进行自动驾驶开发的主要整车制造厂商加强合作，在自动驾驶的演算处理装置领域不断地增加其存在感。

不过作为跟图像处理器实力相当的对手，也不能忘了还有现场可编程逻辑门阵列（FPGA）以及深层学习专用处理集成电路。谷歌公司和富士通正在开发既省电又能进行高速处理的深层学习专用的集成电路，希望在跟图像处理器不一样的领域另辟蹊径。

像这样，高速演算处理并不是从自动驾驶汽车才开始的。在前面所说的自动制动系统（AEB）中，也会设想这样的情况，即在市中心，如果预期到会跟行人或者自行车发生碰撞，那么就要紧急刹车。跟前面所介绍的传感器一样，用于ADAS的演算处理装置也正在朝着缩短跟自动驾驶的差距的方向，不断发展进化。

如上所述，自动驾驶所需的装置存在于ADAS的延长线上。在已经实现实用化的ADAS上的商业发展，将为未来自动驾驶的商业发展奠定基础。

自动驾驶汽车的补偿制度的必要性

最后我们来考虑第三点：出事时的责任问题。正如到目前为止所介绍的，如果自动驾驶实现实用化，并且使用自动驾驶汽车的商业服务得到普及，那么在自动驾驶汽车发生事故等时候，出事时的应对将成为一个课题。

现在，发生交通事故时，如果问题在驾驶员的操作上，那么责任就在驾驶员，如果问题在车辆或交通服务上，那么经营者就会被问责。如果自动驾驶实现实用化，那么经营者就必须努力提高自动驾驶技术的安全性，另外在事故发生时，经营者还有可能被追究赔偿等民事责任和刑事责任。

有关自动驾驶汽车的性能安全，在"ISO2626（《道路车辆功能安全》国际标准）"中的"汽车安全完整性等级（ASIL：Automotive Safety Integrity Level）"对此进行了规定。汽车安全完整性等级分为A到D四个等级，对于每个等级，都规定单位小时允许发生系统事故的次数，即系统事故率。自动驾驶汽车必须达到安全性等级最高的"ASIL D"的水平。

在适用于ADAS的ASIL B到ASIL C中，规定了单位小时允许发生系统故障的次数为10^{-7}，相比之下，在ASIL D中允许发生系统故障的次数则为每小时10^{-8}，这个频率相当于行驶1亿小时（约1万年），只能出现一次事故，可以说相当严格。

为了符合这样的要求，开发自动驾驶技术的经营者都在系统上采取了冗余设计，通过确保在一个系统发生故障时，依靠剩下的系统也能继续行驶，来降低系统的故障率，并通过单一故障指标（SPFM：Single Point Failure Metrics）和最新故障指标（LFM：Latent Failure Metrics）检测故障，在检测到故障时，通过让汽车安全停车等功能，提高汽车的安全性。

受到期待的软件更新

如上所述，为了实现自动驾驶汽车的实用化，在提高安全性上进行开发研究是必不可少的。不过即便如此，在自动驾驶实用化之后也有可能发现问题，这时，汽车制造厂商就要通过召回或促销等形式对车辆进行修复。

于是，为了要实现自动驾驶汽车的实用化，经营者会将召回等对策的费用，以产品保证储备金的形式计入成本。根据日本国内的整车制造厂商实际计入的储备金，我们列出了单位先进驾驶支援车辆的实际储备金和单位自动驾驶车辆的预期储备金（见下页**图10-4**）。

与迄今为止的车辆相比，自动驾驶汽车软件费用的比例较高，因此可以预测软件上的储备金将增加5~10万日元。这部分资金将用于召回等对车辆进行修复时经销商的工作费用。为减少这部分的储备金，备受期待的技术是运用"空中编程（OTA：Over The Air）"，即通过通信更新软件。

实际出事时，整车制造厂商有可能在刑事和民事两方面被问责。不过，现在的趋势是，如果在开发自动驾驶汽车时没有预料到这样的事故，

图10-4　日本国内整车制造厂商的单位车辆的产品保证储备金

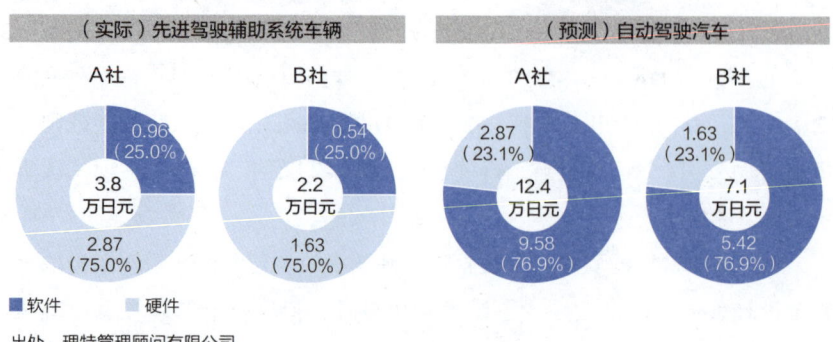

出处：理特管理顾问有限公司

或者即使发生了预料之外的事故，"只要采取了实际的应对措施，例如，通过召回对车辆的性能进行修复等，整车制造厂商将不会承担刑事责任"。

不过，现在民事责任的赔偿金是通过任意保险进行赔付的，在自动驾驶汽车上，这项保险可能成为强制性的保险。在日本的强制保险中有自我责任赔付险，可以设想自动驾驶汽车的所有者将会加入这两种保险。另外还可以预测将来在发生事故的时候，如果认定驾驶员无过失，那么支付被害人保险金的期间将缩短，如果确定了经营者的责任，那么保险公司就可以向整车制造厂商索取已经赔付的保险金。

既存的车辆保险会在发生事故等频率的基础上，再根据车辆类型设定保险费率。由于事故发生的几率会根据用户的分布而不同，按照现在的保险费率计算方法，短期费率不会变更，保费变动也较小。相比之下，在自动驾驶的保险上，可以预测保险费率将会根据整车制造厂商而发生变化。

在自动驾驶汽车实现实用化之后，可以预测有可能通过空中编程（OTA）改进系统，从而大幅度改变事故发生的频率，而最能掌握这种变化的就是整车制造厂商本身。近年来，整车制造厂商正在摸索怎样从只销售汽车这种单一商品的"物品销售"的模式中走出来，也许这样的时代将会到来，即整车制造厂商自己来提供自动驾驶汽车的保险服务。

第11章

自动驾驶汽车的
价格构成

在前面一章中，对于在开发自动驾驶汽车时需要注意的地方，我们进行了整理。在这章中，对国际汽车工程师学会（SAE）所定义的自动驾驶"Level3到Level5"的自动驾驶汽车，按照自动驾驶技术的各个要素，我们将分别预测它们的附加价格（**图11-1**）。

另外，我们将构成自动驾驶汽车价格的要素，分为（1）硬件成本；（2）动态地图的成本；（3）通信装置的费用；（4）安全对策费用；（5）开发费用；（6）产品保证费用（P 120**图11-2**）。下面我们将分别考察这些要素。

硬件成本

自动驾驶汽车是通过进行"识别"→"规划"→"控制"的循环处理来实现行驶功能的。为了让自动驾驶汽车能够实现这样的处理，在自动驾驶汽车上搭载了各种各样的硬件（**图11-3**）。

在第一个处理"识别"中，为了让自动驾驶汽车能够正常地行驶，汽车需要识别周围的其他车辆及行人等交通参与者、交通信号和道路形状等复杂的交通环境。在搭载在自动驾驶汽车上的硬件中，传感器用于识别车辆周围外界环境，主要有摄像头、毫米波雷达、三维（3D）光学雷达LIDAR。而且在搭载了这些外界传感器的基础上，由于在Level3及以下的自动驾驶中驾驶员要进行操作，在自动驾驶汽车上，还要搭载监视驾驶员的驾驶情况的监视系统（**图11-4**）。

在第二个处理"规划"中，为了根据识别到的交通环境，计算车辆的行走路线，汽车就需要有自动驾驶的发动机控制器（ECU）。在第三个处理"控制"中，为了让车辆沿着计算好的行走路线行驶，并进行转向、加速或减速，就需要在自动驾驶汽车上搭载控制装置。由于不管是否为自动驾驶汽车，这些装置都正逐渐成为汽车的标准配置，在这里，我们将不把它们作为这次的考察对象，而是对各种硬件的技术进化和物料清单

图11-1 识别车辆周围的情况，对驾驶进行支援的ADAS

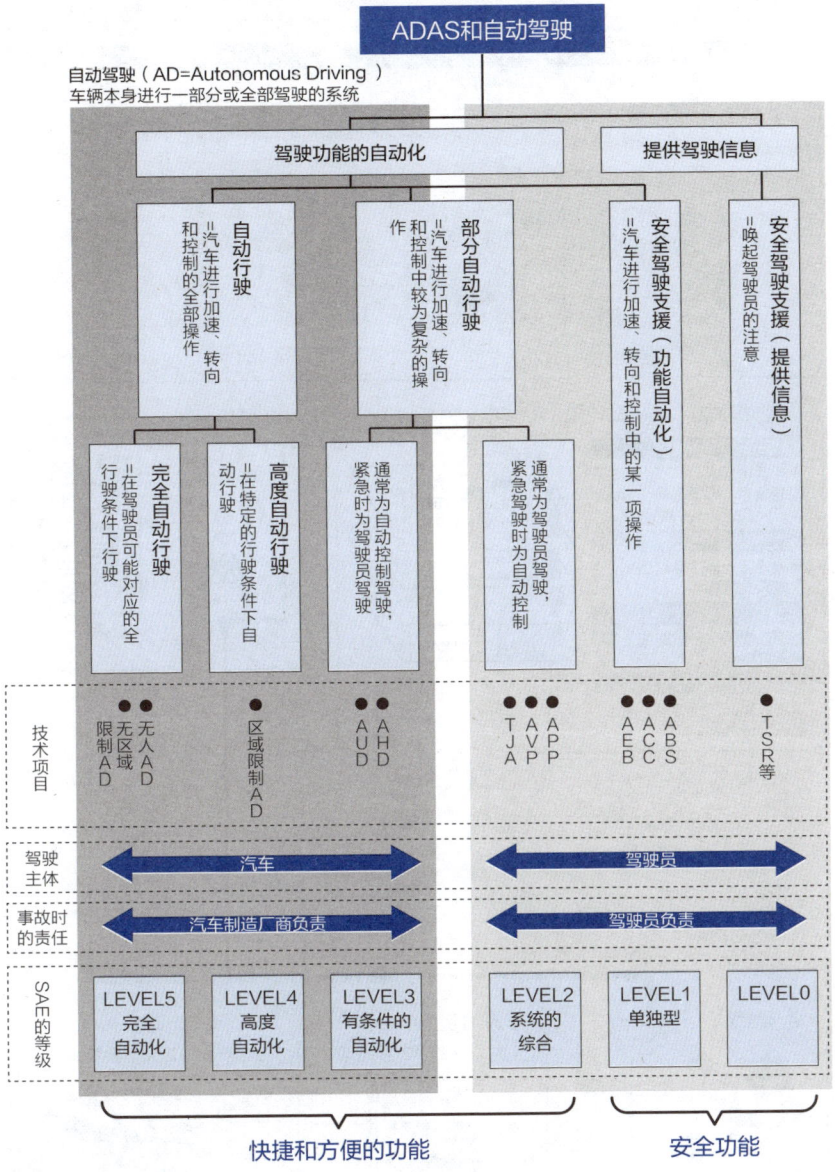

出处：以首相官邸的官网上的信息为基础的理特管理顾问有限公司的制作

图11-2 自动驾驶汽车的附加价格的构成要素

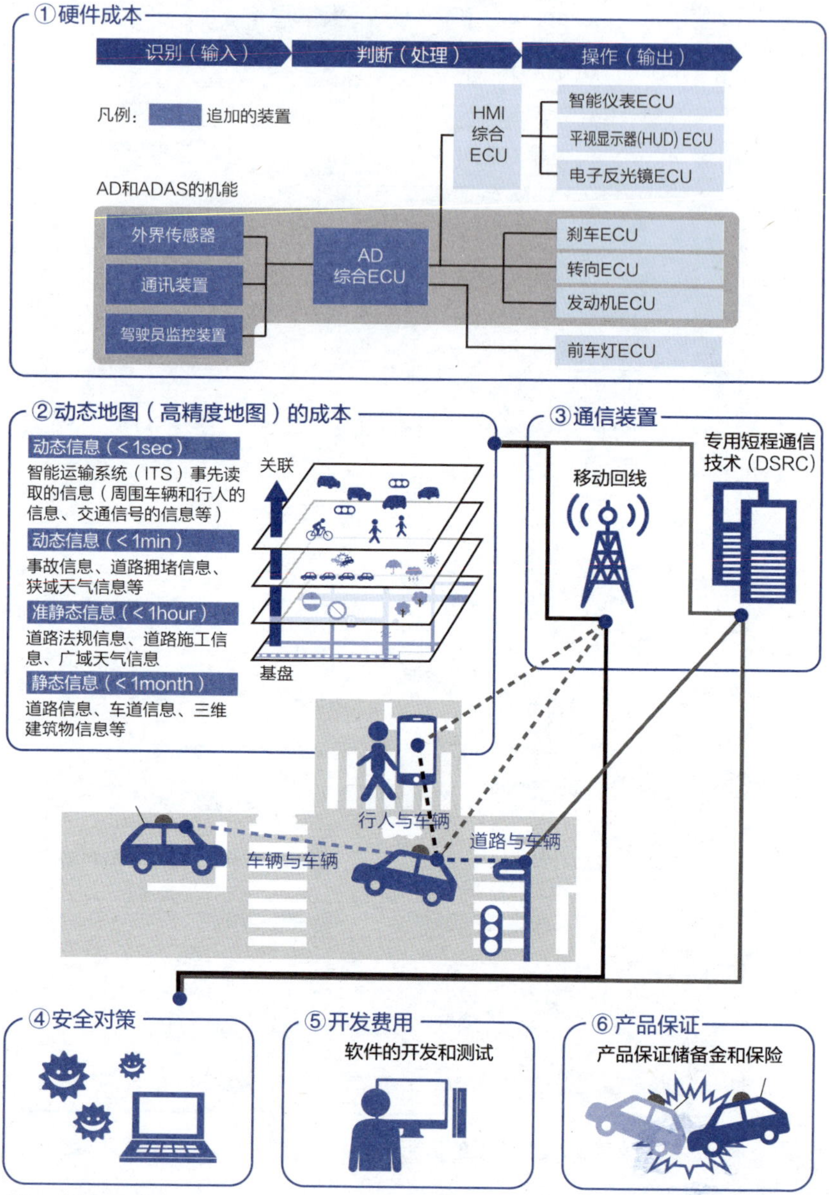

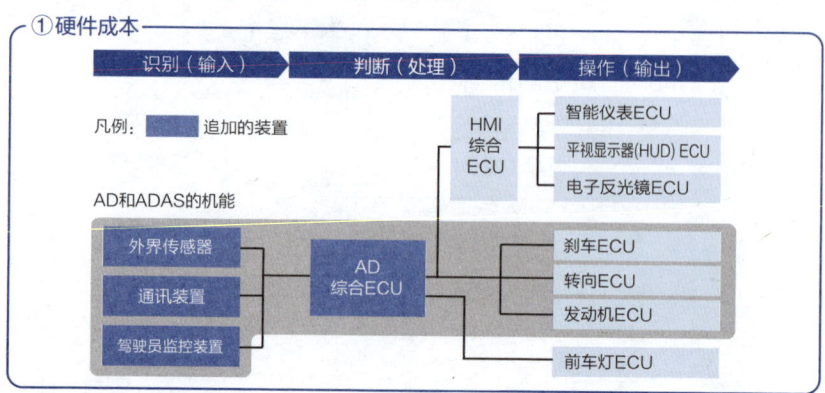

① 硬件成本

识别（输入） → 判断（处理） → 操作（输出）

凡例： ▊ 追加的装置

HMI综合ECU
- 智能仪表ECU
- 平视显示器(HUD) ECU
- 电子反光镜ECU

AD和ADAS的机能

外界传感器
通讯装置
驾驶员监控装置
→ AD综合ECU
- 刹车ECU
- 转向ECU
- 发动机ECU
- 前车灯ECU

② 动态地图（高精度地图）的成本

动态信息（<1sec）
智能运输系统（ITS）事先读取的信息（周围车辆和行人的信息、交通信号的信息等）

动态信息（<1min）
事故信息、道路拥堵信息、狭域天气信息等

准静态信息（<1hour）
道路法规信息、道路施工信息、广域天气信息

静态信息（<1month）
道路信息、车道信息、三维建筑物信息等

关联

基盘

③ 通信装置

专用短程通信技术（DSRC）

移动回线

行人与车辆
车辆与车辆
道路与车辆

④ 安全对策

⑤ 开发费用
软件的开发和测试

⑥ 产品保证
产品保证储备金和保险

出处：理特管理顾问有限公司

120

图11-3　自动驾驶中的处理和所需硬件

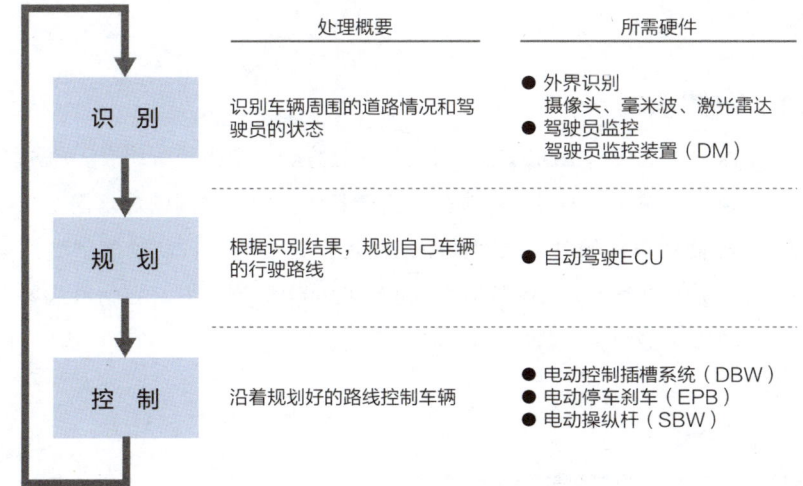

	处理概要	所需硬件
识　别	识别车辆周围的道路情况和驾驶员的状态	● 外界识别　摄像头、毫米波、激光雷达 ● 驾驶员监控　驾驶员监控装置（DM）
规　划	根据识别结果，规划自己车辆的行驶路线	● 自动驾驶ECU
控　制	沿着规划好的路线控制车辆	● 电动控制插槽系统（DBW） ● 电动停车刹车（EPB） ● 电动操纵杆（SBW）

出处：理特管理顾问有限公司

图11-4　识别对象和传感器

传感器			识别对象						
			白线	抛体	车辆	行人和自行车	信号	标识	驾驶员的状态
		摄像头	○	○	○	○	○	○	○
	毫米波	短距离 24/25GHz毫米波			○	○			
		中长距离 76/77GHz毫米波			○				
		高精细 79GHz毫米波			○	○			
	激光雷达	三维激光雷达			○	○			
		驾驶员监控装置（DM）							○

出处：理特管理顾问有限公司

（BOM：Bill Of Material）成本（为了制作产品所用到的材料和组件的总成本）进行考察。

（1）摄像头

摄像头可以获取空间的色彩数据，通过将若干个摄像头组合，就可以成为多镜头摄像头，通过多镜头摄像头的各个摄像头之间的视角偏差，可以测定车辆到识别的对象之间的距离。现在在AEB（自动紧急制动）等ADAS中使用的摄像头的解析度为100万到200万像素左右。在物料清单成本中，单镜头摄像头的价格为1万日元左右，多镜头摄像头的价格为2万日元左右。

图11-5　基本零部件的性能（摄像头）

摄像头装置的性能					
	参考值 大陆相机	2016	2020	2025	2030
像素 （百万像素）	1 （960×1280）	2 （1200×1600）	2 （1200×1600）	8（用于自动驾驶） （2400×3200）	8以上（用于自动驾驶） （2400×3200以上）
画面数量 （fps）	50	50	100	100	100
中央处理器 （Ghz）	0.533GHz	1GHz	1G~1.5GHz	3GHz	5GHz 可能由若干个中央处理器和画面处理器组成
内存 （MB）	128	256	2024	4048	4048以上
物料清单成本 （日元） 单镜头/多镜头	–	10000/ 20000	10000/ 20000	10000/ 20000	10000/ 20000

> 在成本上，虽然每年摄像头的性能都在提高，不过可以预测性能的提高将不会反映在成本上，成本将维持在一定的水平上

> 在2020年左右，800万像素的摄像头将投入市场，那时普通摄像头的价格将为50000~100000日元（平均为75000日元）；由于量产后价格将回落，可以预测新摄像头的价格将跟过去产品的价格持平

出处：以大陆摄像头的参数和对有关人士的咨询结果为基础的理特管理顾问有限公司的制作

122

从ADAS到自动驾驶，随着汽车性能的提高，汽车需要具备更长距离和更加精细的识别能力，因此有人预测摄像头的解析度将达到800万像素。可以预测在2020年，800万像素的摄像头可能将投入市场，到那时，在一部分的自动驾驶汽车上，将搭载800万像素的摄像头，而这种摄像头的成本将为5~10万日元。如果从现在开始到2025年的这段时间内，这种摄像头开始搭载在自动驾驶汽车上，并逐渐普及，那么其成本将被控制在目前成本的范围内（图11-5）。

（2）毫米波雷达

毫米波雷达（以下简称毫米波）是一种使用毫米波带区域的高频率电波的传感器，分为短距离·中距离·长距离毫米波，以及正处于研究开发

图11-6 基本零部件的性能（毫米波）

毫米波的性能			2016年	2020年	2025年	2030年
短距离毫米波（SRR、24/25GHz）		识别距离（m）	40/80	70	←	←
		水平角度（度）	140/30	180	←	←
		物料清单成本（日元）	5000	3500	2500	←
中距离毫米波（MRR、76/77GHz）		识别距离（m）	160	←	←	←
		水平角度（度）	45	←	←	←
		物料清单成本（日元）	10000	6000	5000	←
长距离毫米波（LRR、76/77GHz）		识别距离（m）	200/250	250	←	←
		水平角度（度）	18/12	30	←	←
		物料清单成本（日元）	15000	10000	7500	←
高精细毫米波（79GHz）		识别距离（m）	开发阶段	40/100	←	←
		水平角度（度）	开发阶段	110/30	←	←
		物料清单成本（日元）	开发阶段	N.A.	←	←

出处：基于多种二次信息，矢野经济而进行的理特管理顾问有限公司的制作

阶段的高精细毫米波。短距离·中距离·长距离毫米波已经主要运用在了汽车的识别功能上，而且在2020年之前，通过实现高精细毫米波的实用化，可以预测的是将通过毫米波可以识别行人。在物料清单成本中，由于量产会带来价格的下降，而采用互补金属氧化物半导体（CMOS：Complementary Metal Oxide Semiconductor）等新技术可以提高性能，可以预测在毫米波雷达上，将同时实现性能的提高和成本的降低（见上页**图11-6**）。

（3）三维激光雷达3D LIDAR

三维激光雷达是一种传感器，通过使用红外线激光，来测定车辆跟识别对象间的距离和方向。通过进行三维的雷达照射，可以测定三维数据。到目前为止，由于三维激光雷达主要用于研究，其成本高达数百万日元，很难实现车载上的实用化。

现有的三维激光雷达，由于通过马达进行三维的红外线照射，在可动部件的耐久性上存在着课题。今后为了要在自动驾驶汽车上使用三维激光雷达，需要在维持现有功能的同时，进行产品开发，通过减少可动部件来提高耐久性，并且降低成本，可以预测通过这样的产品开发，最终三维激光雷达的成本将下降到1万日元左右（**图11-7**）。

（4）驾驶员监控装置

之所以需要驾驶员监控装置，是因为在LEVEL3的自动驾驶中，要实现从自动驾驶到手动驾驶的权限转移。不过，即使是在LEVEL4及以上等级的自动驾驶汽车上，在不同的行驶道路，自动行驶的功能可能会被限制在LEVEL3，因此可以预测在LEVEL3及以上等级的自动驾驶汽车上，将搭载驾驶员监控装置，并且会加速普及。随着驾驶员监控装置的普及，处理集成电路将转为专用集成电路（ASIC：Application-specific integrated circuit），可以预测驾驶员监控装置的物料清单成本将从5万日元下降到1万日元以下（**图11-8**）。

图11-7　基本零部件的性能（三维激光雷达）

激光雷达的性能				
	2016年	**2020年**	**2025年**	**2030年**
主要方式	马达驱动	微机电系统镜面通过光平行矩阵，分离受光粒子	向固态传感器转移 通过光平行矩阵，分离受光粒子	
识别距离（m）	100/200	←	←	←
水平孔径角（度）	360/140			
垂直孔径角（度）	30/3.2		性能将从现有的高性能下降到实际行驶所需的性能		
水平X垂直解析度（像素）	3600~900×16/580×4	←	←	←
物料清单成本（日元）	研究用途 80万/500万	5万~100万（非量产时的代表价格为20万日元）	1万~10万（代表价格为5万日元）	（假设）代表价格为1万日元

（左侧纵向标题：**三维激光雷达**）

出处：以各种二次信息和日经Automotive的信息为基础的理特管理顾问有限公司的制作

图11-8　基本零部件的性能（驾驶员监控装置）

驾驶员监控装置				
	2016年	**2020年**	**2025年**	**2030年**
使用的传感器	转向扭矩传感器	近红外摄像头	近红外摄像头	远红外摄像头
感知内容	是否操作方向盘	脸、视线和心跳频率	脸、视线和心跳频率	脸、视线和心跳频率
处理用集成电路	装有LKA*用微型电子计算机	微型电子计算机以及现场可编程门阵列（FPGA）	一种为专门目的而设计的集成电路（ASIC）	一种为专门目的而设计的集成电路（ASIC）
成本结构	包含在LKA*用微型电子计算机的价格内	跟传感器相比，以处理用集成电路的成本为主	以处理用集成电路的成本为主	以处理用集成电路的成本为主
物料清单成本（日元）	–	5万	1万	1万以下

（左侧纵向标题：**驾驶员监控装置**）

* LKA：Lane Keep Assist（车道偏离警示系统）

搭载在车辆上，用于高级车和LEVEL3及以上的车辆的驾驶权限委托

在LEVEL3及以上的自动驾驶普及之后，集成电路转为ASIC型，并且价格将下降

出处：对有关人员咨询的结果

（5）自动驾驶的电子控制单元

由于随着自动驾驶汽车所需的行驶功能的增加，各种处理的算法将增加，自动驾驶的电子控制单元就要实现高性能化。

由于从2013年开始，有关自动制动系统（AEB）的测试也加入到汽车评估（NCAP）中，为了应对这方面的变化，在2017年的时候，在LEVEL0到LEVEL2的ADAS的功能上，中央处理器的性能达到了1GHz（一兆赫兹）。为了在2030年实现在高速公路上的LEVEL3自动驾驶，就要通过较为轻量的线性处理方式，预测自己车辆周围的车辆的行为，因此可以预测CPU的处理速度将上升到2GHz。

而且为了在2035年左右实现在市中心的自动驾驶，就要进行对行人行为进行预测的处理，因此可以预测CPU和内存的性能将更进一步地飞跃性提高。假设今后半导体的性能也将根据摩尔法则，每2年提高1倍，可以预测CPU和内存的性能的提高将不会成为物料清单成本大幅度增加的因素，在量产时，物料清单成本将在1~3万日元之间（**图11-9**）。

图11-9　基本零部件的性能（自动驾驶电子控制单元）

综合电子控制单元的处理能力				
	2016年	2020年	2025年	2030年
CPU（GHz）	1	2	3	5
内存（GB）	0.256	2	4	8
生产数量	样品	10万台/月	←	←
物料清单成本（日元）	15万日元	1万日元~3万日元	1万日元~3万日元	1万日元~3万日元 平均2万日元

出处：以有关人员的咨询结果和二次信息为基础的理特管理顾问有限公司的制作

动态地图的成本

要实现自动驾驶，车辆就要具备识别外部环境的感应器，不过，当面前的物体挡住后面的物体而看不到后面物体，即“遮挡”现象发生的时候，只用传感器将很难识别到所有的信息。这时，就要考虑使用动态地图（高精度地图）（**图11-10**）。

动态地图记录了四个层次的信息，第一层为静态信息，记录随时间变化较少的高精度地图的信息；第二、三层为准静态信息和准动态信息，记录事故和交通规则等信息；而第四层的动态信息将记录一直发生变化的车辆和交通信号的信息。这些信息和自动驾驶汽车的识别结果一起，用于自动驾驶。

其中，在静态信息的高精度地图中，车载型移动式高精度三维测量系统的移动地图系统（MMS）会生成原始地图，以便让普通车辆在使用地图的过程中，也能识别道路形状的变化。准静态信息和准动态信息从道路施工方或地方政府那里获取，而动态信息则从道路交通信息通信系统中心等

图11-10　动态地图的构成

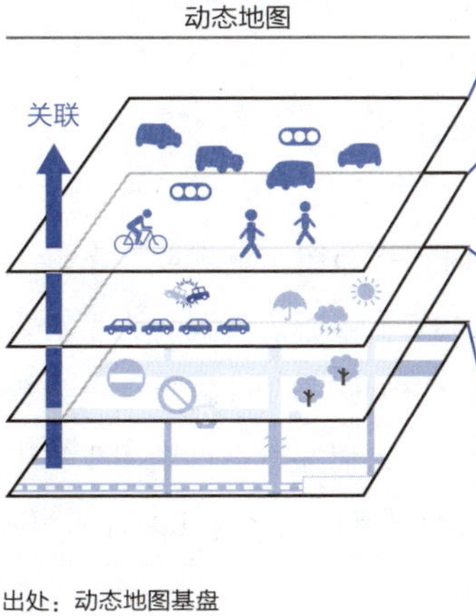

地图信息的类型	更新频率	取得方法
动态信息 智能运输系统（ITS）事先读取信息（汽车、行人和交通信号信息等）	高 1 sec	从路面传感器、专用短程通讯（DSRC）等传感器的数据中获取信息
准动态信息 事故、拥堵和狭域天气信息等	1 min	从道路施工方、地方政府等方面获取信息
准静态信息 交通规则、道路施工、广域天气信息	1 hour	
静态信息 包括道路信息、车道信息和三维建筑物等各种信息的高精度地图	1 month 低	通过车载型移动式高精度三维测量系统移动地图系统（MMS），制作高精度地图，可以实现将来普通车辆上的测量功能

出处：动态地图基盘

图11-11 动态地图基盘的作用

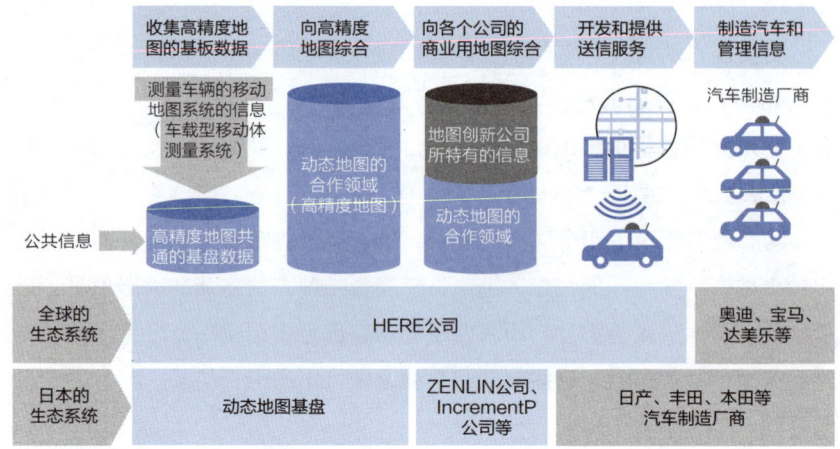

出处：理特管理顾问有限公司的制作

那里获取。

　　有关动态地图，在日本已经转移给由公司经营的"动态地图基盘"，而在海外，则由民间企业，例如荷兰的HERE地图公司等负责运营维护（**图11-11**）。由于在自动驾驶汽车中，使用动态地图成本并不明确，在本章中，我们认为这部分成本跟现在更新地图时的费用相同，为每年2万日元。

通信装置的费用

　　在自动驾驶汽车上，为了使用前面所说的动态地图，就需要在车辆上搭载通信组件（DCM）和专用短程通信（DSRC）等通信装置。为了对自动驾驶汽车追加新的功能，或者为了应对软件中出现的问题，空中编程（OTA：Over The Air）通过通讯更新车辆的程序，而通讯组件则用于空中编程的通讯中。可以认为这些通讯所需装置的物料清单成本为4000日元。

图11-12　服务器受到攻击的风险增大

~2016年 系统控制车辆	2018年 通信和控制系 系统相连	2020年 通过通信 控制车辆	2025年 改写自动驾驶 汽车的程序
ADAS车辆	搭载eCall的车辆 （欧盟将在2018年 实现义务化）	搭载V2X的车辆 （美国将在2020年 实现义务化）	自动驾驶车汽车和 空中编程

系统

控制系统（刹车和发动机等）　外部传感器（摄像头和毫米波）

控制：传感器　传感器数据

车身系统（空气气囊）　通信装置（专用短程通信和移动线路）　外部通信

车体控制：通信　空气气囊动作信号

控制系统（刹车和发动机等）　通信装置（专用短程通信和移动线路）　外部通信

控制：通信　其他车辆·道路信息 自己的车辆行驶信息

控制系统（刹车和发动机等）　通信装置（专用短程通信和移动线路）　外部通信

通信　编程　传感器

先进驾驶辅助系统自动控制刹车、油门和操纵杆，通过先进驾驶辅助系统，并根据外部传感器的数据，控制车辆

在事故时，eCall系统紧急发送空气气囊的动作信号，通过eCall系统，将通讯装置和车辆控制系统间接地连接在一起

V2X通过通讯数据控制车辆，即通过V2X，在通讯数据的基础上控制车辆

空中编程远距离地更新和修改自动驾驶汽车的程序，通过空中编程，在通讯的时候可以修改程序

预想风险

| **数据被篡改的风险**
通过将异常数据混入传感器数据，让车辆不能正常行驶 | **系统被入侵的风险**
从通讯装置入侵到车辆内部，通过对控制系统发起攻击等，让车辆不能正常行驶 | **系统被入侵的风险**
通过将异常数据混入通讯数据，让车辆不能正常行驶 | **程序被篡改的风险**
通过输入异常数据改写车辆的程序，让车辆不能正常行驶 |

出处：理特管理顾问有限公司的制作

安全对策费用

在汽车的安全问题上，即使对现在的汽车来说，车内的车载自动诊断系统（OBD：On-Board Diagnostics）和无钥匙开门系统的骇客攻击，一直以来都是问题。最近随着汽车在先进驾驶辅助系统和自动驾驶上的进化，在汽车上开始搭载各种传感器和通讯装置，就需要具备更加牢固的安全对策（**图11-12**）。

搭载先进驾驶辅助系统的车辆，根据传感器的识别结果控制车辆。对传感器的骇客攻击会让车辆面临失去控制的风险。对于感应和控制车辆的电子控制单元，就要采取安全对策。

而且是自动驾驶汽车的话，车上将搭载通讯装置，通讯装置和车辆的控制系统通过控制器局域网（CAN：Controller Area Network）相互通讯，并互相连接。假设在通讯系统上遭到骇客的入侵，并且骇客攻击进入了车辆的控制系统，那么有可能车辆就会受到恶意攻击者的远距离操控。

因此，汽车制造厂商都需要提供管理安全服务（MSS），监视各种对通讯系统的攻击。在这里，可以假设监视攻击所需的管理安全服务的费用，与现在的信息技术服务器的安全对策费用相同，每家汽车制造厂商每年最低为3亿日元。另外，还可以假设某汽车制造厂商每年销售的1000辆汽车中，1%为自动驾驶汽车，并且这些汽车在市场上存在10年，这样的话，每辆汽车每年将产生300日元的安全对策成本。

软件的开发费用

自动驾驶汽车的开发费用由硬件费用和软件发费用构成。由于硬件费用已经包括在前面分析的各个部件的物料清单成本中，在这里我们将考察软件开发所需的费用。

自动驾驶汽车上的程序行数据据说将达到1亿行（**注1**），如果一个程序员一天可以编写100行的车载用程序，那么开发程序就需要2740年。如果一个程序员的人力成本为每年2000万日元，那么可以推算出自动驾驶汽车的软件开发费用为550亿日元左右。

如果开发的软件使用期限为十年，自动驾驶附加价格的比例为1%，那么就可以算出分摊在每辆汽车上的软件开发费用（**图11-13**）。像丰田那样

注1：日本自动驾驶汽车开发的课题是"汽车行业和信息技术行业的合作不足"（电装天公司，2016年1月19日）(http://monoist.atmarkit.co.jp/mn/articles/1601/19/news027_4.html)

图11-13　分摊在自动驾驶汽车的附加价格上的软件开发费用

万日元/辆

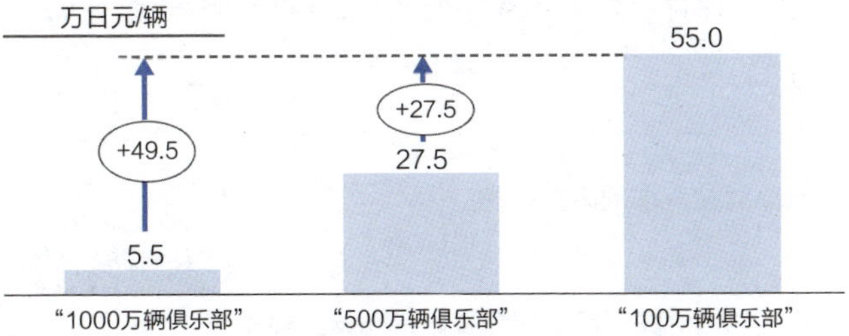

出处：理特管理顾问有限公司的试算

年销售量为1000万辆的汽车制造厂商，分摊在自动驾驶汽车附加价格上的软件开发费用为5.5万日元。而年销售量减少的话，分摊的开发费用就会增加，可以算出对于那些年销售量为500万的汽车制造厂商，分摊的软件开发费用为27.5万日元，而对于那些年销售量为100万辆的汽车制造厂商，分摊的软件开发费用则为50万日元。

产品的保证成本

在第十章中，我们已经提到过自动驾驶将增加产品保证的费用，在这里我们将对这部分的费用做更为具体的预测。在自动驾驶汽车实现实用化之后，如果发现车辆有问题，那么汽车制造厂商就要通过召回或促销等形式对车辆进行修理，这部分的修理费用将作为产品保证储备金包含在销售时的车辆价格中。

对于日本国内的汽车制造厂商，相对于汽车的销量，并且汽车中包括现在的搭载ADAS的汽车，如果汽车厂商的年销售量为1000万辆，那么保证储备金为3830亿日元，如果汽车制造厂商的年销售量为300万辆，那么保证储备金为650亿日元。平均每辆汽车的保证储备金为2.2万日元到3.8万日元。根据国土交通部的数据，在所有召回的汽车中，约25%跟软件问题有关，因此应对软件问题的保证储备金为每辆车0.5万~1万日元。

假设通过实现自动驾驶，程序的总行数将增加到十倍，同时保证储备

图11-14　自动驾驶汽车的附加价格

车辆成本结构				~2016年	
	自动化程度			LEVEL2 各种速度的单车道行驶	
	所用传感器的构成			以毫米波为主	以摄像头为主
	1.硬件	传感器	摄像头	10000日元 前方摄像×1	20000日元 前方立体声 设备×1
			毫米波	15000日元 前方LRR×1	—
			激光雷达	—	—
			驾驶员监控装置	—	—
		自动驾驶 电子控制单元		—	—
		硬件物料清单成本		2.5万日元	2万日元
	2.地图	高精度地图、动态地图		—	—
	3.通讯装置	移动线路和专用短程通讯		—	—
	4.安全	平时监视		—	—
	5.开发费用	软件开发和测试		0.5~5.5万日元 由整车制造厂商的规模而定	0.5万~5.5万日元 由整车制造厂商的规模而定
	6.产品保证	储备金和保险		2.2~3.8万日元	2.2~3.8万日元
	自动驾驶的附加价格 （2X硬件物料清单成本+No.2到No.6的成本）			8~14万日元	7~13万日元

出处：以对有关人士进行咨询的结果和二次信息为基础的理特管理顾问有限公司的制作

金也增加到十倍，那么每辆车的跟软件相关的储备金就将增加到5万~10万日元，结果可以计算出，每辆自动驾驶汽车的储备金将为7万~12万日元。

~2020		~2025		2030	
LEVEL3		LEVEL4		LEVEL5	
以毫米波为主	以摄像头为主	以毫米波为主	以摄像头为主	以毫米波为主	以摄像头为主
75000日元 前方×1	105000日元 前方×1 后方×1 侧方×2	10000日元 前方×1	40000日元 前方×1 后方×1 侧方×2	10000日元 前方×1	40000日元 前方×1 后方×1 侧方×2
34000日元 前方LRR×1 后方MRR×2 侧方MRR×2	23500日元 前方LRR×1 后方SRR×1 侧方MRR×2	27500日元 前方LRR×1 后方MRR×2 侧方MRR×2	20000日元 前方LRR×1 后方SRR×1 侧方MRR×2	27500日元 前方LRR×1 后方MRR×2 侧方MRR×2	20000日元 前方LRR×1 后方SRR×1 侧方MRR×2
200000日元 前方×1	200000日元 前方×1	50000日元 前方×1	50000日元 前方×1	10000日元 前方×1	10000日元 前方×1
5万日元 DM	5万日元 DM	1万日元 DM	1万日元 DM	1万日元 DM	1万日元 DM
20000日元 AD-ECU	20000日元 AD-ECU	20000日元 AD-ECU	20000日元 AD-ECU	20000日元 AD-ECU	20000日元 AD-ECU
37.9万日元	39.85万日元	11.75万日元	14万日元	7.75万日元	10万日元
—	—	2万日元	2万日元	2万日元	2万日元
—	—	1万日元	1万日元	1万日元	1万日元
300日元	300日元	300日元	300日元	300日元	300日元
5.5~55万日元 由整车制造厂商的规模而定	5.5~55万日元 由整车制造厂商的规模而定	5.5~55万日元 由整车制造厂商的规模而定	5.5~55万日元 由整车制造厂商的规模而定	5.5~55万日元 由整车制造厂商的规模而定	5.5~55万日元 由整车制造厂商的规模而定
7.1~12.4万日元	7.1~12.4万日元	7.1~12.4万日元	7.1~12.4万日元	7.1~12.4万日元	7.1~12.4万日元
88~143万日元	92~147万日元	39~94万日元	44~98万日元	31~86万日元	36~90万日元

自动驾驶汽车的附加价格

到目前为止，对于自动驾驶汽车附加价格中的各个要素，我们按照各个构成要素分别进行了推算（见P132-133图11-14）。在这里，我们假设自动驾驶汽车的附加价格为以下这些成本的总和，即"硬件"的物料清单成本的2倍、"动态地图"的成本、"通讯装置"的成本、"安全对策"的成本、"软件开发费用"的成本和"品质保证"的成本。这样的话，可以预测年销售量为1000万辆的汽车制造厂商的自动驾驶汽车，在2020年附加价格将为90万日元，这个价格将在2030年之前下降到30万日元。另一方面，年销售量为100万辆的汽车制造厂商的自动驾驶汽车，由于软件开发的成本所占比例较大，可以预测在2020年附加价格将为140万日元，在2030年附加价格将为90万日元。

像这样，根据汽车制造厂商的不同，在自动驾驶汽车的附加价格上将出现巨大的差异。因此，如果不是年销售量为500万辆以上的汽车制造厂商，那么可能很难将自动驾驶汽车的价格设定为实际可以销售的价格。那样的话，有可能有的汽车制造厂商将不会自己开发自动驾驶，而是与在开发自动驾驶汽车上走在前面的其他汽车制造厂商、供应商、美国的谷歌等信息技术行业等合作，将自动驾驶技术"掌握在手"。

第**12**章

怎样推动自动驾驶型移动出行服务的开发

在现在的移动出行服务中，驾驶者负责汽车的运营，不过如果将来随着自动驾驶技术的进化，无人驾驶成为可能，那么运营自动驾驶型移动出行服务的经营者，就要适当地管理及运行无人驾驶汽车。在本章中，对于开发自动驾驶型移动服务时需要考虑的问题点，我们将从交通服务经营者需要具备的机能和业务形态，以及其所运营的移动出行服务的类型和特点两方面，分别进行考察。

对交通服务经营者的要求

经营者要提供使用自动驾驶汽车的交通服务，就要通过交通服务平台（PF），在平时监视交通服务和自动驾驶的运行是否正常（**图12-1**）。在很多情况下，经营者使用自动驾驶汽车的目的在于减少驾驶员从而降低成本，因此基本上不会让监视人员乘坐汽车。

因此经营者需要远距离地监视及控制自动驾驶汽车，同时提供交通服务。这个交通服务的平台要具备"运行管理"功能、"车内管理"功能和"自动驾驶汽车的管理"。"运行管理"功能是监视及管理交通服务，并对自动驾驶汽车发出行驶路线指令的功能，"车内管理"功能是判断乘客在车内的情况以及是否有乘客上下车的功能，而"自动驾驶汽车的管理"功能则是监视

图12-1　对交通服务经营者的要求

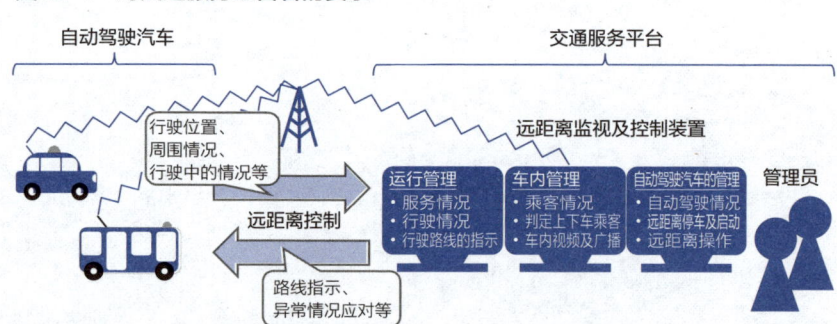

出处：理特管理顾问有限公司的分析结果

自动驾驶功能的状态并在异常情况发生时做出反应的功能。

　　作为在自动驾驶型移动出行服务中才需要具备的功能，不仅要监视乘客的情况，而且还要监视下车后乘客的情况。例如，如果没有注意到下车后有乘客摔倒就发车，那么乘客遭到后面汽车碾压的话，经营者就有可能会以保护责任者遗弃罪被追究责任。

　　如上所述，交通服务平台要对所有的交通服务进行管理，而且还要通减少管理人数来减少人力成本。如果一个管理员能管理10辆左右的汽车，那么通过实现无人化而带来的对减少人力成本的影响，将是相当可观的。

移动出行服务的业务形态

　　从汽车的保有形式（交通服务经营者保有汽车，还是使用其他人保有的汽车），以及交通服务平台的开发及运营形式（交通服务经营者自己开发及运营交通服务平台，还是使用其他人开发的交通服务平台）的观点，可以将自动驾驶型移动出行服务的业务形式分为四种类型（见下页图12-2）。

　　第一种方式是"通过自己公司保有的汽车提供服务"，交通服务经营者使用自己保有的汽车并开展服务。作为正在讨论的例子，大和运输正在设想在机器猫大和的无人送货服务中，使用自己公司保有的货车，并且通过自己公司开发的运送管理系统（交通服务平台），提供陆运和航运的服务。必胜客则在讨论通过使用自己公司保有的送货机器人，提供披萨的无人外卖服务。

　　第二种方式"通过使用其他人所有的汽车提供服务"，交通服务经营者使用其他人保有的汽车而开展服务。作为正在讨论的例子，美国的优步科技公司和中国的滴滴出行公司提供这种共享拼车服务。

　　第三种方式是"使用其他人的交通服务的平台开展服务"，交通服务经营者使用其他人开发及运营的交通服务平台，并且使用自己公司保有的汽车开展服务。作为正在讨论的例子，零售业巨头AEON导入DeNA的"机器人区间车（RobotShuttle）"等无人驾驶巴士，在店铺间或区域内对交通弱

图12-2 使用自动驾驶汽车的商业模式（收费模式）

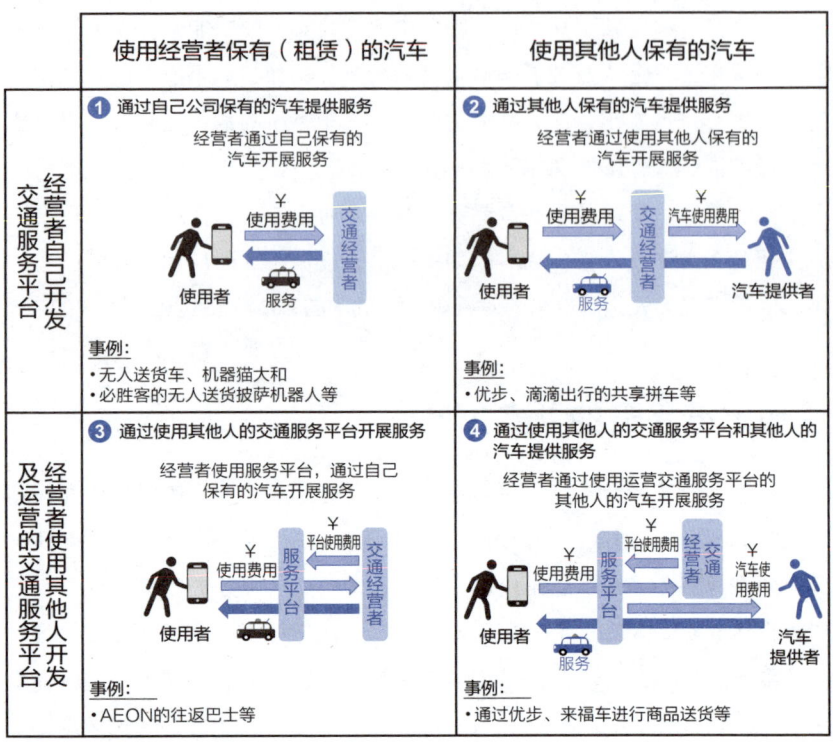

出处：理特管理顾问有限公司

者提供支援等。

最后一种方式是"通过使用其他的交通服务平台和其他汽车提供服务"，交通服务经营者使用其他人开发及运营的交通服务平台，并且使用其他人保有的汽车开展服务。作为正在讨论中的例子，美国的零售业巨头沃尔玛等公司通过使用优步公司或美国的来福车等公司所提供的共享拼车服务，进行商品送货等。

如上所述，在自动驾驶型移动出行服务行业，需要从开发及运营所需的固定费用的观点出发，来判断交通服务经营者是否拥有自己的汽车或交通服务平台等资产（Asett）。

自动驾驶型移动出行服务的分类

接下来，我们将考察使用自动驾驶汽车的移动出行服务。对于自动驾驶型移动出行服务，根据行驶路线上的制约和自动驾驶的范围，可以分为五种类型（**图12-3**）。

有关行驶路线上的制约，可以分为像过程①、过程②那样按照指定路线行驶的"固定路线"，以及像过程③、过程④、过程⑤那样根据出发地和目的地，按照任意路线行驶的"无制约"的两种方式。考虑自动驾驶所需的技术性难度的话，比较容易的是按照指定路线行驶的固定路线方式，理由是比较容易制作高精度的地图、比较容易特定自动驾驶时的行驶状况、以及可以事先想好出事时的应对方法等。而且在固定路线行驶的话，在过程①中，由于汽车将行驶在自动驾驶汽车的专用道路上，并且行驶区域可以跟其他汽车和行人等交通参与者分开，这种方式的技术难度最低。

其次，若将着眼点放在自动驾驶的对应范围上，那么可分两种方式，即在载客时进行自动驾驶，还是在无人接送乘客的时候进行自动驾驶。

图12-3　自动驾驶型移动出行服务的比较

		行驶路线的制约	自动驾驶的范围	
			载客时	无人接送时
低　实现难度　高	自动驾驶型移动出行服务的普及过程			
	①无缝移动出行系统中的无人驾驶快速公交系统	固定路线（专用车道）	○	×
	②无人驾驶巴士	固定路线	○（LSV※）	×
	③按需型共享汽车服务	无制约	×	○（LSV※）
	④最后一公里运输的无人化 区域过程：美国（5）、欧州（5）	无制约	○（LSV※）	○（LSV※）
	⑤共享拼车的无人化（PtoP型共享拼车化）	无制约	○	○

※LSV：Low Speed Vehicle 行驶速度为30km/h左右的低速汽车

出处：理特管理顾问有限公司

像过程③那样，共享汽车在接送使用者的时候，除了要具备无人接送的功能，还要在使用者乘车时可以进行有人驾驶。由于在无人接送时车上没有乘客，可以使用时速为30km/h左右的低速汽车（LSV：Low Speed Vehicle），这样的话，无人驾驶的技术难度将降低。

有关过程④最后一公里运输的无人化，汽车在车内有乘客的时候，要具备自动驾驶功能，不过这种方式只是作为徒步或自行车等区间移动的代替方式，因此在乘客乘车的时候，可以低速行驶。

有关最后的过程⑤共享拼车的无人化，由于需要代替的移动方式是车内有乘客并以一般速度行驶的共享拼车，在乘客乘车的时候，汽车要以一般的行驶速度实现自动驾驶，这种方式的技术难度最高。

过程①：无缝移动出行系统中的无人驾驶快速公交系统（BRT：Bus Rapid Transit）

从这里开始，我们将详细地分析各个过程。在过程①中，通过将巴士和轻轨等若干个交通服务相互连接，在无缝移动出行系统中实现了区域内运输的最适化，将来在无缝移动出行系统中行驶的有人快速公交系统将实现无人驾驶。快速公交系统正在以欧洲为中心得到普及，为了确保定时运行，以及预防事故的发生，汽车行驶在其他交通参加者禁止驶入的快速公交系统的专用车道。将来快速公交系统实现无人驾驶的话，汽车仍将继续

图12-4 无缝移动出行系统中的无人驾驶快速公交系统

出处：理特管理顾问有限公司

在专用车道内行驶（图12-4）。

　　作为开发自动驾驶中最难的部分，汽车必须应对这样的交通环境，即有人驾驶的汽车、自行车和行人等混合在一起。根据交通法规和车辆的物理制约，可以在一定程度上预测汽车的行为，不过要预测行人或自行车的行为却比较困难。要在存在着很多行为难以预测的交通参加者的环境中实现自动驾驶，跟这样的自动驾驶相比，在专用车道内实现自动驾驶的技术难度将大幅度降低。因此，在自动驾驶型移动出行服务中，无人驾驶快速公交系统的技术难度最低，从已经普及快速公交系统的地区开始，将出现实现自动驾驶的可能性。

过程②：无人驾驶巴士

　　在过程②中，由于人口稀少地区的人口密度较低，在那里没有民营的公共交通机构，过程②的对象区域将是那些主要使用私家车出行的地区（图12-5）。在这样的地区，作为那些不保有私家车的学生和老年人的移动方式，各级政府运营的社区巴士按照事先设定的车站和路线行驶。对于这样的社区巴士在无人行驶时所需的技术上的关键，我们将从行驶路线和行驶速度两方面进行探讨。

　　由于已经设定了路线和车站，无人驾驶巴士的行驶路线是固定的。另外由于可定制有关行驶路线的高精度地图，实现自动驾驶的可能性较高。

　　而且在人口密度较低的地区，由于行驶的车辆较少，并且行人也较

图12-5　无人驾驶巴士

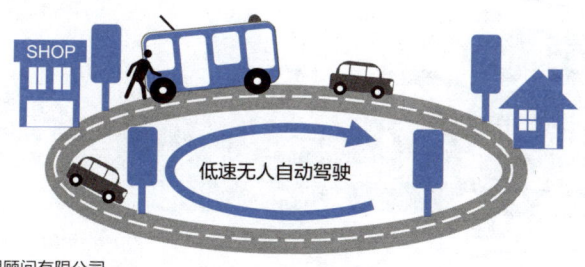

出处：理特管理顾问有限公司

少，在这样的环境中自动驾驶汽车容易行驶。例如不开车的学生和老年人，以前他们的移动方式为徒步或自行车，以这样的人群为使用对象，无人驾驶巴士即使以30km/h进行低速行驶也不会有问题。而且在这些地区，交通信号的数量较少，并且不太会出现交通拥堵，因此跟市中心相比，无人驾驶巴士可以通畅地行驶，这样的话，即使时速较低，也可以实现长距离移动。

过程③：按需型共享汽车服务

在过程③中，可以设想的情况是在使用共享汽车的时候，汽车在无人状态下行驶到使用者那里，然后使用者进行手动驾驶（或者通过驾驶支援或部分自动驾驶驾驶），在使用完毕后，汽车自动驶回停车场。在这种过程中，在无人接送时汽车将自动驾驶，不过由于这时使用者不在车上，汽车即使低速行驶也不会有问题，因此自动化的技术难度将降低（**图12-6**）。

另外，如果将无人迎送期间设在平行停车等行人禁止入内的停车场，或者特定的上下车区间，那么就能提高实现无人巴士的可能性。而如果这种平行停车的技术，随着自动驾驶技术的进化在一般道路上也能使用，那么由于大幅度地扩大了无人接送的区域，作为一种按需型共享汽车服务，使用者将大幅度增加。

图12-6　按需型共享汽车服务

出处：理特管理顾问有限公司

142

过程④：最后一公里运输的无人化

在使用轻轨或巴士等公共交通工具前往目的地的时候，如果目的地不在市中心，那么在很多情况下，从最近的车站到目的地还有一定的距离。提供达到目的地的最后的移动方式就是无人最后一公里运输。由于使用者的目的地不同，根据不同的目的地，汽车需要行驶不同的路线（图12-7）。

在从最近的车站到目的地的时候，由于现在使用者主要依靠徒步或自行车等低速的移动方式，如果改为自动驾驶的运输方式，那么即使时速为30km/h也不会有问题。不过，由于汽车需要在一般的交通流量中进行无人行驶，跟过程②的无人驾驶巴士相比，需要具备更高的无人驾驶技术。

过程⑤：共享拼车的无人化（PtoP共享化）

在共享拼车中，由于需要从任意一个出发地，移动到任意一个目的地，这就意味着在实现无人化的时候，在任意道路上都要能够进行自动驾驶。另外由于使用者是将无人共享拼车代替以一般速度行驶的有人共享拼车，在实现无人化的时候，汽车也要能够在一般的行驶速度下进行自动驾驶。由于这样的无人共享拼车的技术，需要达到能够完全代替有人驾驶的水平，将成为跟自动驾驶的完成形式比较接近的形式（见下一页**图12-8**）。

图12-7　最后一公里运输的无人化

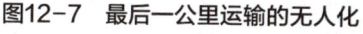
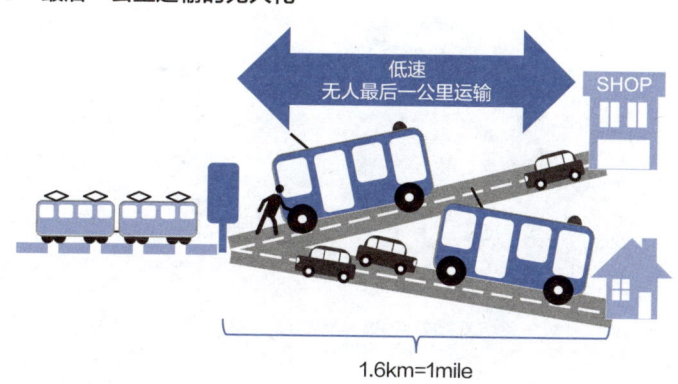

低速
无人最后一公里运输

SHOP

1.6km=1mile

出处：理特管理顾问有限公司

另外，有关无人共享拼车行业，可能要在现有的有人共享拼车的行业模式上进行大幅度的转化。以优步公司为代表的共享汽车经营者，在自己的公司不保有汽车和驾驶员，而是通过使用登录在优步公司的服务平台上的个人或法人所保有的汽车和驾驶员，开展交通服务。

这样的经营模式在图12-2的分类中，相当于第二种"通过其他人保有的汽车提供服务"。优步公司等共享拼车经营者的目标是在2021年能够开始运行自动驾驶的共享拼车，并且正在进行技术开发。如果共享拼车经营者使用自己公司开发的自动驾驶汽车，那么就变成自己公司保有汽车。

这时的经营模式就成为第一种"通过自己公司保有的汽车提供服务"。现在，共享拼车经营者由于在自己的公司不保有汽车，只要支付少额的固定费用就可以经营共享拼车，而如果自己公司保有自动驾驶汽车，那么固定费用将增加，因此可以预测，目前的共享拼车经营者的经营方式今后将发生较大的变化。不过，在无人共享拼车的时代，私家车的无人驾驶也将成为可能。这样的话，自动驾驶汽车的所有者可以在自己不开车的时候，以"PtoP（个人间）"共享汽车的形式，将自动驾驶汽车出借给其他人使用，并从中获利。在这样的时代，个人可能为了获利而对自动驾驶汽车进行投资（购入），这可能成为购车的新动机。

图12-8　共享拼车的无人化（PtoP共享化）

无人共享拼车

出处：理特管理顾问有限公司

第13章

低速汽车改变汽车行业

前面一章中我们曾提到，在无人巴士、按需型共享汽车和无人最后一公里运输中，可以使用时速为30km/h左右的低速行驶的低速汽车（LSV：Low Speed Vehicle）。低速汽车的优点是通过降低行驶速度，实现无人驾驶的可能性将增大，另外与以一般速度行驶的汽车相比，车辆的设计及制造也将更容易等。而这些优点正是吸引新的企业者进入本来难以进入的汽车产业的主要原因，并且可能由此形成与现有的汽车产业不同的生态系统。

低速汽车让自动驾驶更容易

首先，我们将考察行驶速度对自动驾驶技术的确立将产生怎样的影响。汽车制造厂商在测试驾驶员的训练中，并不要求驾驶员开快车，而是要求驾驶员具有这样的驾驶技术，即在低黏度（低μ）的道路上，并且汽车没有防抱死制动系统（ABS：Antilock Brake System）等苛刻的条件下，通过正确使用刹车，在较短的距离将汽车停下来。

像这样，在汽车行驶上最关键的功能就是"刹车"。正如在高中物理中所学到的，物体的动能跟速度的二次方成正比。这就意味着从开始刹车到汽车停下为止的制动距离，会随着速度的增加以速度二次方的程度增加。反过来考虑的话，通过降低行驶速度，就可以大幅度缩短停车距离。例如在市区，汽车以60km/h的时速行驶在干燥的沥青路面的时候，制动距离为28m左右，而相比之下，汽车以30km/h的速度行驶的话，制动距离就可以缩短到7m左右。

对这个原理加以运用的就是低速汽车。由于在以30km/h的低速进行行驶的时候，觉察到危险并马上刹车的话，在7m这样短的距离内就可以让车停下，避免危险的可能性将提高。即使遇到意外情况，也可以通过刹车避免危险，因此，即使自动驾驶技术并不完备，也可能将这样的汽车先投入市场。不过，低速汽车在低速行驶的时候，与以一般速度行驶的汽车之间，会产生较大的相对速度，这样也会发生危险。因此在交通量较少的人口稀少地区等率先实现低速汽车的实用化，将是比较现实的方案。

接下来，我们将考察低速汽车的车辆大小会对自动驾驶技术的确立产生怎样的影响。前一章中，我们指出了无人快速公交系统以欧洲为中心普及的可能性。这是因为在欧洲，通过使用已经建好的快速公交系统的专用车道，使得自动驾驶汽车行驶起来比较容易。在日本，虽然快速公交系统专用车道的数量比较有限，不过正在不断建立自行车的专用车道。一般情况下，自行车专用车道的路宽一定要在1m以上，而普通道路的路宽一定要在3m以上。

低速汽车的车型是一个一直被讨论的话题，可能是能2~3人乘坐的超小型汽车型，也可能是10人左右乘坐的小型巴士型。对于现在正在开发研究的新车型，我们来看一下最高速度和车辆的车幅之间的关系（**图13-1**）。从中可以知道，超小型汽车型低速汽车的车幅为1~1.5m，小型巴士型低速汽车的车幅为2m左右。跟刚才所说的道路的路宽比较的话，就可以知道自行车专用车道可以作为超小型汽车型低速汽车的专用车道，而在一般道路的旁边也可以行驶小型巴士型低速汽车。

图13-1 新型汽车的类型

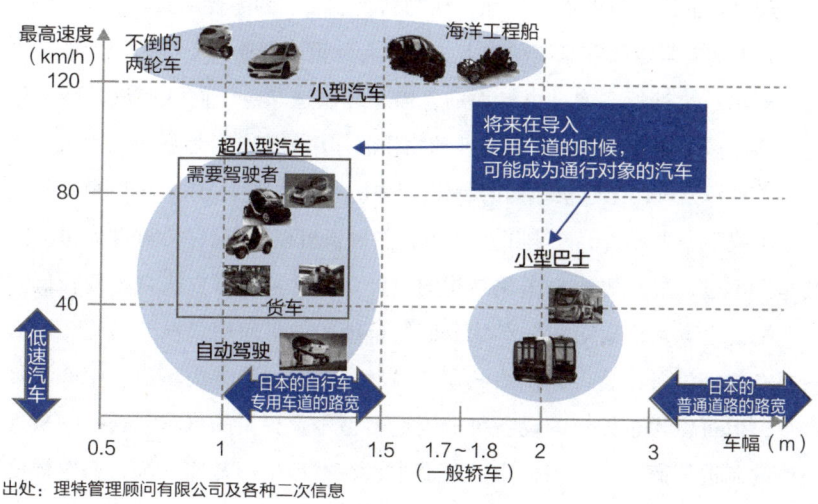

出处：理特管理顾问有限公司及各种二次信息

容易制造的低速汽车

低速汽车的优点是车体比较容易制造。接下来，我们将从汽车的安全性及生产性方面进行考察。

为在事故发生时保护乘客，普通汽车需要较高的碰撞安全性能。例如，有关这一项，欧洲以"欧盟新车安全评鉴协会（Euro-NCAP）"为标准评定，美国则以"美国公路安全保险协会（IIHS）"为标准评定，而且汽车还要通过以时速64km/h进行的胶板碰撞试验等。不过，对于低速汽车，尚未制定明确的碰撞安全标准，全由各制造厂商自己评定。例如，在2012年，对丰田的"COMS"电动汽车，进行了时速为32km/h的碰撞试验。与时速为64km/h的碰撞能量相比，在时速为32km/h时，碰撞能量将下降到1/4。

普通汽车为应对世界各国的耗油量基准，正向车体轻量化方向发展。通过使用高张力的钢板、精心设计、改善技术，制造厂商都在不断提高车体的强度。碰撞安全性所需的高技术，也是新人难进入汽车行业的原因之一。不过，如果能够减少碰撞能量，那么对车体安全性的要求就可能降低，最终降低汽车行业准入门槛，成为新企业增加的主要因素。

如果把着眼点放在车辆结构上，可以看到很多普通汽车都采用无框架结构，即用一块钢板，像昆虫外面的骨骼那样制造车身。而低速汽车则采用"框架结构"，即事先做好发挥哺乳动物骨骼作用的车架，然后再加上乘客乘坐的车身部分。在无框架结构的制作工程中，需要大型压床、金属模具和生产流水线等昂贵设备。在丰田，利用这些设备可以以1分钟为刻度大量生产汽车。不过，如果要改变车辆结构的设计，则这种制作方法自由度较低。

相比之下，框架结构在形状上比较单纯，如果使用管框架结构，那么只要有焊接设备，就可以制造汽车。虽然这样的制造方法不适合生产大量汽车，但可以通过较少的设备投资制造多型号及少量的汽车，这样一来，当地的制造厂商就可以根据本地的需求，在本地生产低速汽车，而这样的变化可能改变以汽车制造厂商为顶端的目前汽车行业的结构。

第 **14** 章

移动出行服务和
自动驾驶在2030年前的
普及过程

到目前为止，我们对各国的移动出行服务、普及自动驾驶的前提条件以及牵引普及的要素，进行了多方面的考察。本章我们将从这些结果出发，将目光投向2030年，对各国的移动出行服务和自动驾驶的普及过程，以及将对汽车需求产生的影响进行考察。

有关各国的普及过程，根据第二章考察的地区性和第八章考察的用户类型的不同，将产生不同的需求。因此在本章中，我们将按照"各个地区中的各个用户类型"，分别考察在自动驾驶中将存在怎样的需求，以及实现这些需求的可能性。

有关自动驾驶，我们将分别讨论"在移动出行服务中运用自动驾驶汽车"的情况和"在私家车上附加自动驾驶功能"的情况。之所以分成这两种情况，是因为在这两种情况下，自动驾驶的使用方式和所需的技术内容都将不相同。

有关移动出行服务，我们将分别考察"现在的（有人）汽车的使用"和"自动驾驶汽车的使用"两个阶段上的普及可能性。之所以分成这两个阶段，是因为如果将使用自动驾驶汽车作为前提，那么从经济性的观点来看，能够提供移动出行服务的区域将扩大。

进一步讲，有关对汽车需求所产生的影响，我们将把各个"地区x用户类型"的普及过程，和第八章考察的同样单位的汽车保有数量结合起来，最终算出各个主要交通系统的变化要因对汽车需求分别产生的影响。

日本的普及过程：不使用自动驾驶的情况下

在日本，如果以不使用自动驾驶为前提，那么可以认为在普及新型移动出行服务的过程中，大概会出现以下四种可能。

（1）以人口稠密的大城市为中心，普及共享汽车。

（2）在大陆系大城市和卫星城市，普及盈利性共享拼车（规则放宽型出租车）。

（3）在地方的中核城市和大陆系地方城市，通过建设实现紧凑型城市，普及无缝公交服务系统。

（4）在"郊外和地方的住宅区+人口稀少地区"，普及非盈利型共享拼车。

有关（1），共享汽车在东京的市中心等地区正在普及，以周末使用汽车的人群和老年人群为主，在各个用户类型中最多将有接近50%的用户有可能从保有私家车转移到使用共享汽车的服务。

不过，正如第五章所考察的那样，在现在的使用汽车的站点固定型的服务上，在人口密度不到5000人/km²的地区，经营者将很难获得盈利。因此，很有可能共享汽车的服务区域将只在三大城市圈的区域内扩大。

有关（2），随着人口老龄化，在今后的5~10年中，特别是在交通系统以私家车为主的地方城市和卫星城市，交通弱者的问题将显现，而作为交通弱者对策中的一环，日本型的共享拼车服务可能会发展。不过，目前情况下，由于在一定程度上出租车的服务网络较为完备，现在还不清楚日本共享拼车的规则将以怎样的形式放宽，以及会放宽到怎样的程度。

最为现实的方向是，有经营体力的大的出租车公司在放宽出租车的营业执照上起主导作用，灵活使用有活力的老年人提供简单的出租车服务，从而解决地方城市最后一公里上服务不足的问题。

（3）的背景和课题与（2）相近，在大城市圈和人口规模为数十万人的地方城市圈，正在进行紧凑型城市建设，同时作为地方空洞化的对策，正在导入轻轨运输系统和公交快速系统等公共交通系统。很有可能在2020年的东京奥林匹克运动会之后，作为公共投资项目中的主要项目，建设紧凑型城市将继续发展。不过那样的话，就像第九章中所考察的富山市那样，很有可能主要使用新型公共交通系统的用户，是那些不拥有私家车的交通弱者。因此，从保有私家车转移而来的对汽车的需求并不是很大。

有关（4），与（2）和（3）相同，也是从由人口老龄化和地区空洞化而来的的交通弱者对策的变化而来的。在人口密度较低的那些地区，很难想象以盈利为目的的共享拼车服务会普及，或者对公共交通会存在新的投资。因此，作为一部分的地区政府正在运营的公共服务的一环，共享拼车服务将以非盈利型的拼车型公共出租车的形式，成为一个解决移动出行问题较为现实的选择项。这时，经营上的课题是"如何提高盈利并减少赤字"。这是因为只要使用有人驾驶汽车，经营者就需要压缩人力成本，而实际情况却是在人口稀少地区，即使连这点也很难实现。

对汽车销售产生较大影响的过程

以上面的四种过程为基础，我们试着计算了移动出行服务对汽车需求的影响。让汽车的销售数量减少得最多的是，（1）的城市部转而使用共享汽车服务所带来的影响（图14-1）。具体来说，这将每年减少16万辆左右的汽车销量，相当于总销售量（约500万辆）的3%~4%。

可以预期将（2）和（4）等加在一起，主要在地方城市向共享拼车的转移中，将产生与第一点相同程度的影响。不过实际上在共享拼车服务普及之前，因为老年人返还驾照，会使私家车的换车需求减少，所以这些过程中所产生的减少的需求，将以这样的方式逐渐成为现实。

另一方面，虽然预期用于移动出行服务的汽车数量会增加，不过由于移动出行服务的汽车的运转率比私家车高，因此与减少的私家车的数量相比，增加的移动出行服务汽车的数量要少。最后在以不使用自动驾驶的前提下，普及移动出行服务对汽车需求的影响，最大将为总需求（年销售量）的6%。

日本的普及过程：使用自动驾驶的情况下

接下来，我们将考虑在使用自动驾驶汽车的前提下，什么样的新型移动出行服务将普及。在日本的新型移动出行服务中，应该主要以下述两种使用自动驾驶汽车的移动出行服务为主。

（5）在大陆系地方城市和人口稀少地区，导入无人驾驶巴士。

图14-1　普及移动出行服务对汽车需求的影响（日本：在导入自动驾驶汽车之前）

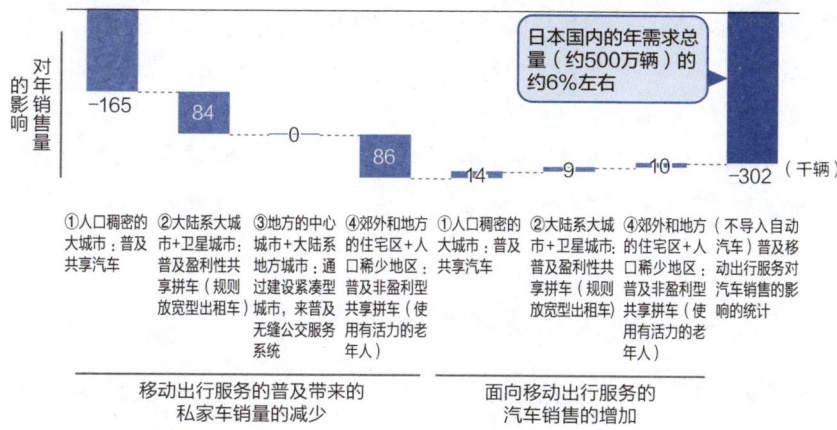

出处：理特管理顾问有限公司及各种二次信息

（6）在卫星城市和地方城市，普及按需型共享汽车服务。

　　有关（5），在以不使用自动驾驶为前提的移动出行服务中（3）的公共交通系统和（4）的非盈利型拼车型共享拼车服务，都有可能被（5）所代替。其目的在于减少初期投资，并且通过实现无人化，削减驾驶员的人力成本，进而改善经营者的盈利性。至少在日本，作为一种用于BtoB的自动驾驶服务，从需求的大小，以及技术和营业两方面的可行性来看，在实际导入移动出行服务中是可能性最大的方式。

　　有关（6），如果考虑在日本，什么样的经营者会成为这种服务的经营者，那么最为现实的发展方向是，在已经具有一定普及程度的提供共享汽车服务的汽车上，搭载自动驾驶功能，通过让共享汽车向按需化的方向发展，提高移动出行服务的便利性。

　　自动驾驶功能还包括自动停车功能和其延长线上的"自动平行停车功能"。可以想到的使用方式是，汽车自动地从停车费较为便宜的郊区停车场，行驶到用户指定的场所，用户自己开车到目的地（相当于LEVEL3的部分为自动驾驶），把车停在那里离开之后，汽车再自动驶回郊区停车场。

如果这样的使用方式不断发展，那么从共享汽车经营者的角度来看，作为提供服务的区域的核算要件，人口密度的界限值（5000人/km²）将大幅度下降。结果，即使在人口密度更低的地方，也有可能开展这种服务。另外即使市中心的完全自动驾驶的技术难度较高，不过如果在叫车和汽车回送时能够实现无人驾驶，并且汽车能够尽可能地低速行驶，那么就能极大地提高实现共享汽车的可能性。

产生较大影响的按需型共享汽车

那么，使用自动驾驶汽车的移动出行服务将对汽车需求产生怎样的影响呢？对移动出行服务影响最大的是第六点"按需型共享汽车服务的普及"（图14-2）。

假设除了那些以上下班为主的移动时间重合的使用者之外，最多有近50%的用户，将从保有私家车转移到使用按需型共享汽车，那么这样就有可能减少最多60多万辆的新车需求。即使考虑了面向汽车共享服务的汽车的数量会增加，并把以不使用自动驾驶为前提的移动出行服务的代替汽车的数量包括进来，仍有可能存在着这样的风险，即总需求（年销售量）将最大减少大约近20%。

在私家车上也普及自动驾驶功能

最后，我们预测在自动驾驶汽车上的需求。可以认为在自动驾驶汽车上的需求将包括到目前为止所说的面向移动出行服务（用于BtoB）的汽车，再加上将要搭载自动驾驶功能的私家车（用于BtoC）。从第十一章中考察的内容来看，有可能在2030年左右，只要追加30万日元左右的成本，就可以在汽车上搭载相当于LEVEL4的自动驾驶功能。

这样的话，用户对完全自动驾驶的接受程度将提高，以每天行驶一定距离的主要用于上下班的汽车用户为主，最多将有1/3用户选择具有完全自动驾驶功能的汽车。其结果是，相当于新车的年销售量约1/3的汽车，即大约有70万辆左右的汽车将成为具有完全自动驾驶功能的私家车。

美国的普及过程

接着，我们同样来考虑美国的普及流程。首先在不使用自动驾驶的前提下，在普及新型移动出行服务的过程中，可能会出现以下三种方式。

（1）以人口稠密的大城市为中心，普及共享汽车。

（2）以人口稠密的大城市、大陆系大城市和大陆系地方城市为中心，普及共享拼车。

（3）在地方的中心城市，在导入无缝移动出行服务型交通系统的同时，建

图14-2　普及移动出行服务对汽车需求的影响（日本：在导入自动驾驶汽车后）

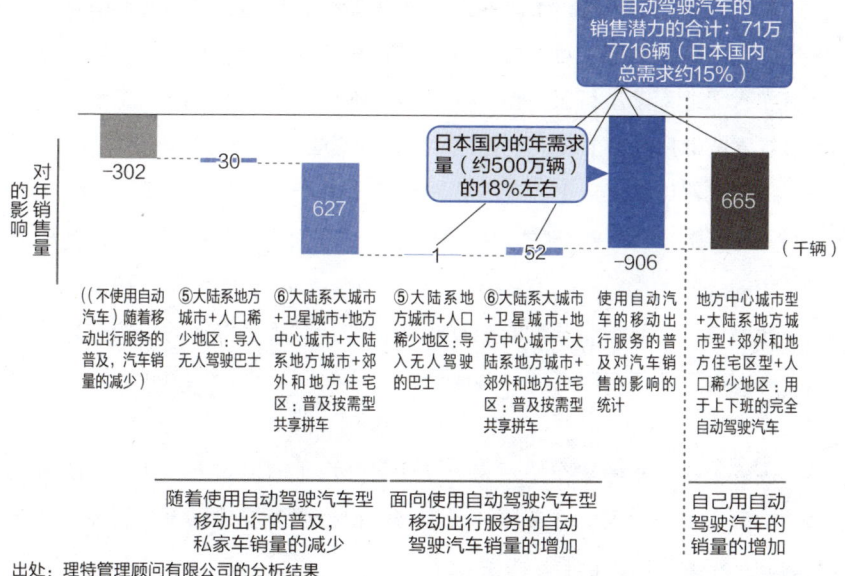

出处：理特管理顾问有限公司的分析结果

设快速公交系统等汽车系交通干线。

（1）是在人口稠密的大城市普及共享汽车，这是跟日本相同的方式，不过实际上成为对象的（人口规模为100万人以上，并且人口密度为5000人/km²以上）人口稠密的大城市中的人口，只占全国人口的6%左右，这个比例不到日本（15.8%）的一半，再加上其中约有七成多的人以上下班为目的使用私家车，不太会向共享汽车转移，因此转移到共享汽车的用户可能只在有限的范围内。另外美国的话，与日本相比，根据年龄段的不同，在共享汽车的接受程度上存在着差异，而使用共享汽车的将只是那些年轻人。

有关（2）共享拼车，可以设想的情况是在一定规模（10万人）以上的人口聚集的城市，到目前为止从机场到市中心等移动过程中，出租车或出租等交通方式是一直使用的方式，而这些方式将向共享拼车转移。不过，由于实际上在这些使用方式中并没有用到私家车，主要是从既存的公共交通方式到共享拼车的转移，因此几乎可以不用考虑这样的转移对私家车需求产生的影响。

在（3）地方中心城市的变化中，发挥牵引作用的将是第九章中介绍的内容，即在联邦政府（运输部）主导下，在"挑战智能城市"的活动中，提倡导入无缝移动出行服务型交通系统。不过，由于"挑战智能城市"活动的对象城市只有25个城市左右，对全体的影响将比较有限。

我们试着计算了以上三种方式对汽车需求产生的影响（图14-3）。影响最大的将是（1）城市部的向共享汽车的转移而带来的影响，不过这种方式对年销售量的影响也只有9万辆不到。即使将（3）向无缝移动出行服务型交通系统的转移而带来的影响也包括进来，对年销售量的影响也只是将减少近13万辆的年汽车销量，而这个数量只占总需求（约1700万辆）的1%左右。

接着，我们来考虑在使用完全自动驾驶汽车的前提下，什么样的新型移动出行服务将普及。在美国，新型移动出行服务应该以下面两种使用自动驾驶汽车的移动出行服务为主。

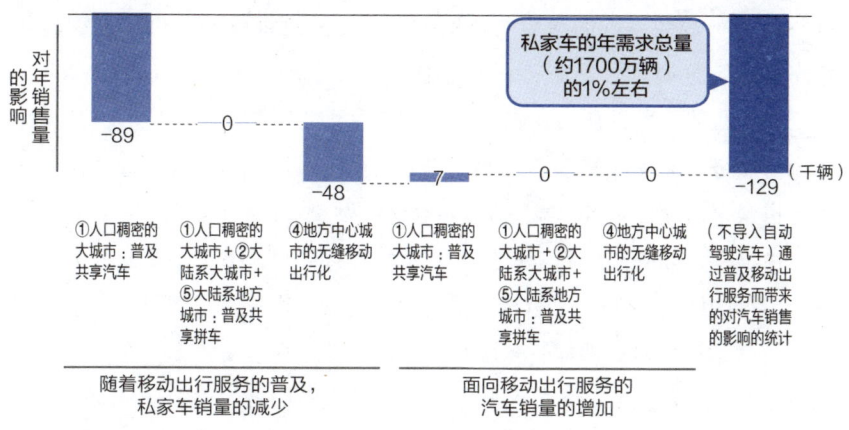

图14-3　普及移动出行服务对汽车需求的影响（美国：在导入自动驾驶汽车前）

出处：理特管理顾问有限公司的分析结果

（4）在人口稀少区域以外的地区，实现共享拼车无人化（PtoP共享拼车化）。

（5）在地方中心城市型城市和大陆型地方城市，实现（无缝移动出行服务
系统中的）最后一公里运输的无人化。

有关（4），很有可能通过实现共享拼车的无人化，让具有共享拼车服
务的区域得以扩大，从而让共享拼车得到普及。这种方式将主要用于上下
班之外的用途，而且用户群将以年轻人为主。另外，优步等现在的共享拼
车的经营者，在自己的公司都不保有汽车，其业务形态一般为提供驾驶员
和用户间的匹配功能，因此在汽车成为自动驾驶汽车之后，对保有自动驾
驶汽车的车主和用户提供匹配功能的PtoP型服务，将很有可能成为那时共
享拼车的主流。

在第六种无缝移动出行服务系统中，对于实现最后一公里运输的无人
化，从用户的角度来看，使用体验几乎跟第五种相同，不过其运营形式更
具有公共的性质。另外由于通过实现无人化，可以降低运营成本，在人口
密度较低的大陆系城市也将导入无缝移动出行服务。

在美国，在使用自动驾驶汽车的移动出行服务对汽车需求所产生的影

157

响上，由于普及无人共享拼车服务将减少大约30万辆的私家车需求，在无缝移动出行服务系统的最后一公里中实现无人化将减少大约20万辆的私家车需求，这两个数量加起来相当于美国总需求的4%左右（**图14-4**）。

如上所述，可以认为在美国，即使考虑了使用自动驾驶技术，普及移动出行服务对私家车需求产生的影响也将在有限的范围内。不过，在私家车上搭载自动驾驶功能，这种方式将会怎样发展呢？

在美国，如果今后私家车仍为主要的交通方式，那么特别是占全体的3/4、主要用于上下班的私家车，成为自动驾驶汽车的需求将较大。不过，正如第八章中所讲的那样，美国对于自动驾驶这样的新技术，在接受程度上各个年龄段的差异较大。实际上看一下各个年龄段的对完全自动驾驶的接受程度的话，在45岁以下的人群中，大约有四成的人回答说能够接受自动驾驶，而相比之下，在45~60岁的人群中，只有25%的人回答说能够接受自动驾驶，而在60岁以上的人群中，只有15%的人回答说能够接受自动驾驶。如果考虑到这种不同年龄段在接受程度上的差异，并认为自动驾驶汽车将从年轻人开始普及，那么占汽车年总需求的约三成左右的汽车，即500多万辆的汽车将有可能成为具有自动驾驶功能的私家车。

欧洲的普及过程

那么，在欧洲又会有怎样的普及过程呢？与日本和美国相同，首先在不使用自动驾驶的前提下，在普及新型移动出行服务的过程中，可能会出现以下三种方式。

（1）在人口稠密的大城市，普及电动的共享汽车。

（2）在地方的中心城市，在对驶入城市的汽车制定规则的同时，建立以轻轨运输系统和公交快速系统为基础的无缝移动出行服务。

（3）在主要用于周末的使用方式中，普及拼车型共享拼车。

（1）在人口稠密的大城市普及共享汽车，是跟日本和美国相同的动

图14-4　普及移动出行服务对汽车需求的影响（美国：在导入自动驾驶汽车后）

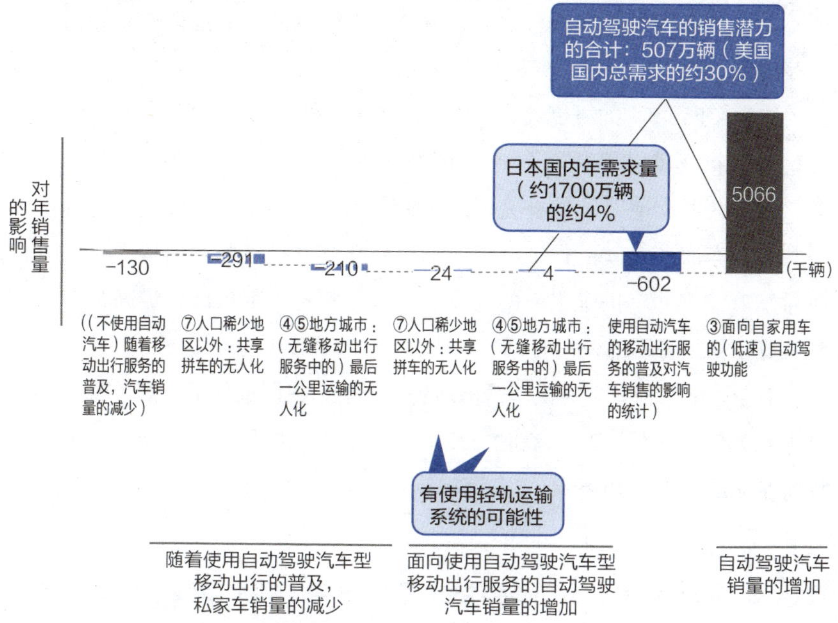

自动驾驶汽车的销售潜力的合计：507万辆（美国国内总需求的约30%）

日本国内年需求量（约1700万辆）的约4%

对年销售量的影响

−130	−291	−240	24	4		−602	5066

（千辆）

((不使用自动汽车)随着移动出行服务的普及，汽车销量的减少)

⑦人口稀少地区以外：共享拼车的无人化

④⑤地方城市：（无缝移动出行服务中的）最后一公里运输的无人化

⑦人口稀少地区以外：共享拼车的无人化

④⑤地方城市：（无缝移动出行服务中的）最后一公里运输的无人化

使用自动汽车的移动出行服务的普及对汽车销售的影响的统计）

③面向自家用车的(低速)自动驾驶功能

有使用轻轨运输系统的可能性

随着使用自动驾驶汽车型移动出行的普及，私家车销量的减少

面向使用自动驾驶汽车型移动出行服务的自动驾驶汽车销量的增加

自动驾驶汽车销量的增加

出处：理特管理顾问有限公司的分析结果

向，不过欧洲的特点是，很有可能在共享汽车中使用的汽车是电动汽车。实际上在巴黎和伦敦等城市，考虑到对电动汽车的补助金，在某些情况下，跟使用普通的燃油车相比，使用电动汽车的共享汽车的运营成本会更低。而且，再考虑到今后政府将加强对驶入城市的燃油车的限制，并且将采取完全禁止销售燃油车的措施，在普及共享汽车的过程中，至少在大城市的市中心，使用电动汽车的趋势将加速。

作为（2）地方中心城市的动向，在斯特拉斯堡，对进入市中心的汽车制定了驶入限制的规定，并取得了一定的效果，这方面的措施有可能成为普及（2）的契机。斯特拉斯堡的话，在对驶入市中心的汽车进行限制的同时，导入了轻轨运输系统，成功地实现了从私家车向以公共交通为中心的交通系统的交通方式的转移。另外，在欧洲，由于在很多城市已经导入了轻轨运输系统等，与其说跟日美相同，通过共享拼车对公共交通进行补充，还不如说，很有可能今后将建立无缝移动出行服务，将包括铁路和巴士等既存的若干种公共交通系统进行无缝连接。

作为实现（3）的可能性，可以考虑的普及的过程是，以"BlaBla-Car"为代表的拼车型共享拼车服务，作为度假和回乡时的中长距离的移动方式，成为公共交通系统的补充形式，并得到普及。不过，要使用这种拼车型共享拼车服务，就要保证一定的对PtoP型共享拼车服务的接受程度上，而对于PtoP型共享拼车服务的接受程度，欧州各国都较低，最高只有二成到三成（德国特别低，只有16%）。

对于以上三种方式对汽车需求产生的影响，我们进行了计算（**图14-5**）。产生最大影响的是（2），在地方中心城市建立无缝移动出行服务型交通系统所带来的影响。如果像（2）那样制定驶入规则的措施真正得以推广，那

图14-5　普及新型移动出行服务对汽车需求的影响（欧洲：英国，在导入自动驾驶汽车前）

随着以不使用自动驾驶汽车为前提的新型移动出行服务的普及，在汽车销售上，有可能将最多每年减少24万辆的汽车销量，这相当于英国国内年总需求的10%左右。

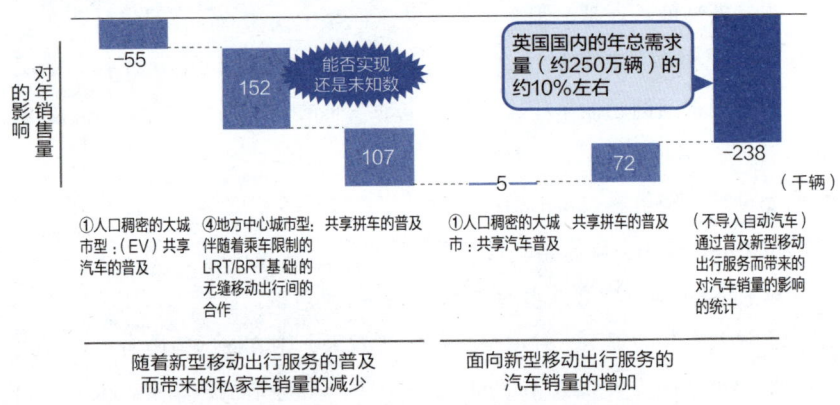

不过，由于在地方中心城市，发展无缝移动出行服务的可能性并不高，除去这部分影响，对私家车需求的影响将只有3%～4%。

出处：理特管理顾问有限公司的分析结果

么以英国为例，有可能将减少大约15万辆的私家车的销量。其次，同样在英国，（3）的普及拼车型共享汽车将减少最多10万辆的汽车销量，（1）在大城市中普及电动汽车的共享拼车将减少最多5.5万辆左右的汽车销量，这些带来的风险将是，有可能减少占总需求（在英国，大约为250万辆）约10%的汽车销量。

其次，我们将考虑在使用完全自动驾驶汽车的前提下，移动出行服务将对欧洲的移动出行产生什么样的影响。主要将在（2）建立无缝移动出行服务型交通系统中，发生较大的变化。具体而言，其中的一种普及方式是在无缝移动出行服务系统中，作为基础运输的轻轨运输系统和公交快速系统将实现无人化，而另一种普及方式是在最后一公里的服务中，导入无人驾驶汽车。

在欧洲，政府正在建立无缝移动出行服务型交通系统，因此很有可能即使导入了无人驾驶汽车，也会被吸收到这样的交通系统中，而且无人驾驶汽车也只能在有限的区域内行驶。不过，出租车等既存的公共交通的无人化和最后一公里的无人化，跟包括移民在内的雇佣问题很难相互调整，因此很难想象这些无人化的过程将无条件地进行。

在考虑这些背景的基础上，在欧洲，使用自动驾驶汽车的移动出行服务对汽车需求的影响，将只占整个汽车需求的1%，相比之下，导入以不使用自动驾驶为前提的移动出行服务而带来的影响反而更大（见下页**图14-6**）。

另外，对于在私家车上搭载自动驾驶功能，在欧洲，特别对于完全自动驾驶，跟日本等亚洲国家相比，接受程度较低，目前而言，很有可能部分自动驾驶汽车将成为主流。虽然根据居住地区和年龄段的不同，接受程度有差异，不过平均接受程度将达到三成左右，可以认为最多占总需求三成左右（英国的话，约为80万辆）的汽车将成为搭载自动驾驶功能的汽车。

图14-6 普及新型移动出行服务对汽车需求的影响（欧洲：英国，在导入自动驾驶汽车之后）

如果普及使用自动汽车的新型移动出行服务，那么很可能每年的汽车销售量将最多减少27万辆左右，这相当于英国国内年总需求的10%左右，不过，包括私型车（包括部分自动驾驶）的自动汽车的销售潜力为70多万辆，这相当于英国国内总需求的32%左右。

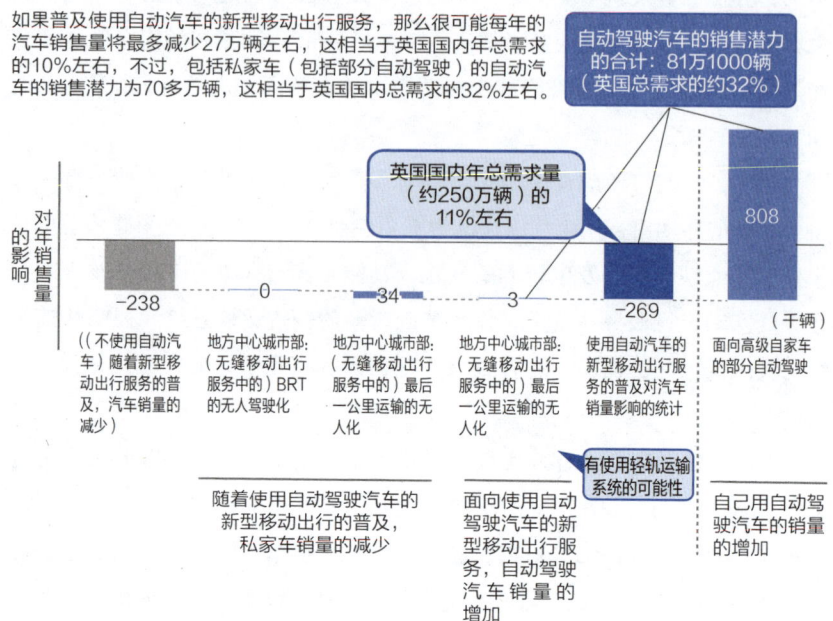

出处：理特管理顾问有限公司的分析结果

162

第 **15** 章

对汽车市场的影响和
企业需要采取的行动

在最后一章中，我们将以同样的方式考察日本以外的地区，并且在站在全球的视点上，对移动出行服务的内容，以及它对自动驾驶的汽车市场所产生的影响做个总结。同时我们还将考察为了迎接今后移动出行服务的变革，各个企业需要采取什么样的行动。

影响的大小依次为日本、欧洲、美国

首先，对于前面一章所考察的新型移动出行服务对日本、美国和欧洲的影响，我们来整理一下在不同国家的差异（**图15-1**）。在此前提下，在2030年前后，在包括中国在内的新兴市场，使用自动驾驶技术的移动出行服务将存在技术难度，同时由于自动驾驶会剥夺驾驶员的雇佣机会，社会的接受程度也将较低。因此可以认为自动驾驶将难以普及。

在三个区域中，受影响最大的是日本。到2030年之前，在不使用自动驾驶技术的前提下普及移动出行服务，这将可能最多减少6%左右的汽车需求，而且随着使用自动驾驶技术的次世代移动出行服务的普及，可能最多将汽车需求的减少幅度扩大到近20%。

其原因正如第一章中考察的那样，在日本，导入新型移动出行服务和自动驾驶技术的背景在于存在着实际的社会课题，例如，随着"人口老龄化"，交通弱者将增加，而随着"地方空洞化"，地方的公共交通机构将衰退等。其结果是作为这些社会课题的解决方式，移动出行服务和自动驾驶技术可以发挥较大作用。

不过，在美国，不管是否使用自动驾驶汽车，跟日本相比，由移动出行服务引起的汽车市场的缩小较小。我们可以预测在不使用自动驾驶技术的前提下，将减少1%左右的汽车需求，而在使用自动驾驶技术的前提下，也只将减少3%左右的汽车需求。形成这种结果的最大原因在于，在美国，除了一部分的大城市，大多数的汽车用户都居住在人口密度较低的地区，因此可以普及共享汽车的地区是有限的。即便是正在普及的共享拼车服

图15-1 自动驾驶和新型移动出行服务带来的对各国的汽车需求的影响

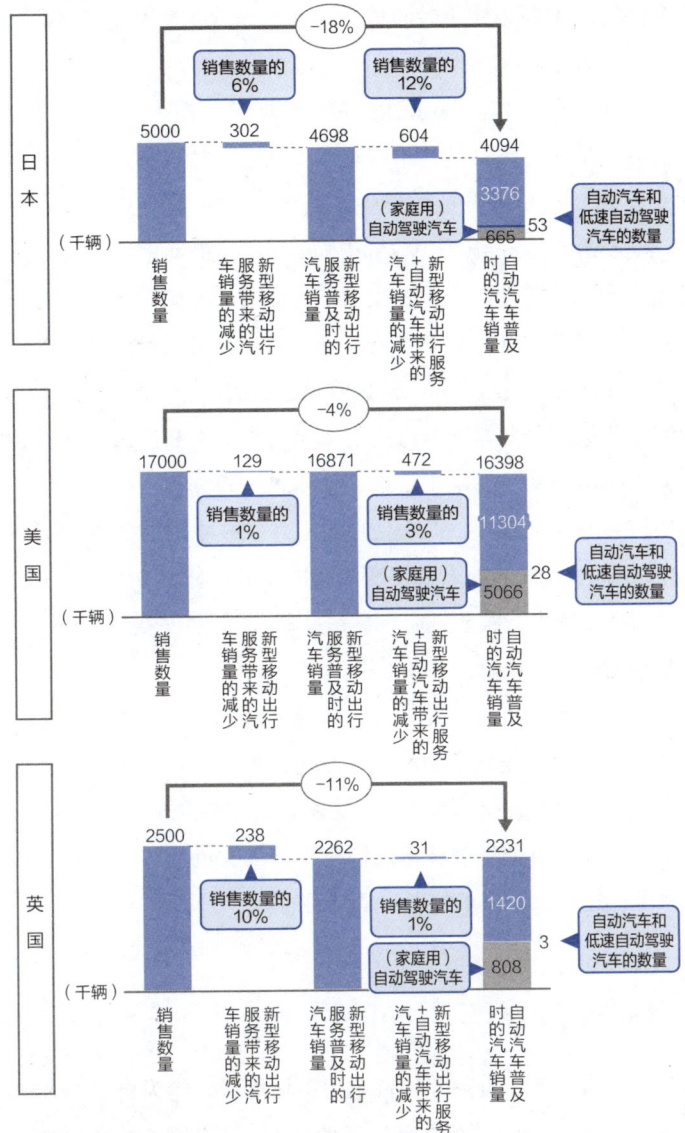

出处：理特管理顾问有限公司
假定各国的汽车销售数量从现在开始没有变化，在此基础上，试算了在2030年时用于新型移动出行服务的汽车以及自动汽车的销售数量。

务，也主要作为出租车和租车等既存的移动出行服务的一种补充。而且使用私家车的时间主要为使用时间重合的上下班时间，因此新型移动出行服务代替私家车的可能性较低。

另外，通过导入自动驾驶技术，可以预期无人共享拼车（或共享汽车）的对应区域将扩大，不过从整个汽车市场来看，这也只占极小的一部分。在其他普及移动出行服务的可能性上，正如第九章中介绍的，在北美的"挑战智能化城市（Smart City Challenge）"的活动中，在中等规模的城市，通过建设无缝移动出行服务型次世代交通的基础设施，或者通过在最后一公里导入自动驾驶型移动出行服务，新型移动出行服务可能代替私家车。不过，这种代替对汽车需求的影响是轻微的。

新型移动出行服务在欧洲产生的影响则在日本和美国之间。我们可以预期在对于汽车市场的影响上，在不使用自动驾驶技术的前提下，最多将减少大约10%的汽车需求，而在使用自动驾驶技术的前提下，则最多将减少1%的汽车需求。欧洲的人口密度大概在日本和美国的中间，出于以下两个原因，新型移动出行服务可能代替私家车。

· 在巴黎和伦敦等大城市，普及共享汽车。

· 以斯特拉斯堡等地方城市为中心，普及无缝移动出行服务型交通系统。这样的话，随着对驶入市中心的汽车进行限制，轻轨运输系统和公交快速系统等既存的公共交通系统将成为主要的交通方式。

不过，在导入自动驾驶技术的同时，导入次世代移动出行服务，并且代替私家车，这对汽车需求的影响是有限的。

扩大自动驾驶汽车市场的可能性

其次，我们来考虑自动驾驶汽车的市场规模。作为自动驾驶汽车，正如到目前为止所分析的，存在着以下两种类型，即（1）用于移动出行服务的完全自动驾驶汽车（BtoB型），和（2）以现有的先进驾驶辅助系统

（ADAS）为基础进化而来的，附带自动驾驶功能的私家车（BtoC型），在商业模式和技术上，这两种汽车可能走上不同的发展道路，因此，我们将分别研究它们的可能性。

有关（1）BtoB型，在前面一章中，我们分析了它在各国的普及过程，在此基础上进行计算的话，在全球（日欧美），BtoB型汽车将形成每年大约10万辆左右的市场规模。从移动出行服务经营者的经营核算的观点来看，如果可以不需要占经营成本一半以上的驾驶员的人力成本，那么就有可以设定较高的汽车价格。

不过，从汽车的市场规模来看，这种汽车的市场规模是极其有限的。在这个领域，单独的汽车制造厂要通过销售现有的汽车回收开发费用并获得利润的话，只要考虑到第十一章中分析的面向自动驾驶软件的开发费用，也是不现实的。

因此，在这方面，将作为用户的移动出行服务的经营者也包括进来，各个利益关系人相互合作，然后将这种合作结果放入商业模式中，并且共同探讨今后的经营方向，采取这样的行动将是不可避免的。以美国的谷歌公司为首，很多信息技术企业在开发自动驾驶技术的时候，都将目标瞄准BtoB型，是因为这种汽车在商业结构上自由度较大。

在另一方面，有关（2）BtoC型，我们需要以这样的观点来看，即作为高度化的先进驾驶辅助系统的延长线上的功能，自动驾驶会怎样发展。在这里，我们预测了各国的作为先进驾驶辅助系统（ADAS）的代表功能自适应巡航控制系统（ACC）功能，和LEVEL3以上的自动驾驶功能的搭载率（见下页图15-2）。

在以私家车为对象的自动驾驶功能中，能够以相当于LEVEL4的完全自动驾驶模式行驶的汽车，将在2020年代的前半期进入市场。不过实际情况将是能够以完全自动驾驶模式行驶的汽车，一开始只能行驶在高速公路等人行道与车道分开的自动汽车的专用道路上。然后随着V2I和高精度地图等基础设施的建设，以及软件完成度的提高，从一般道路的干线道路开始，汽车以完全自动驾驶模式行驶在路上的比例（时间）可能增加。

实际上在这样的自动驾驶模式中，驾驶员只要输入目的地，系统就会判断是否存在到目的地的能够以完全自动驾驶模式行驶的路线，并且告诉驾驶员是否能够完全自动驾驶。在附带完全自动驾驶功能的汽车一开始进入市场的时候，不能使用完全驾驶模式的时间会较多，而随着基础设施建设的推进，可以使用的时间会增加。

而可以行驶的道路环境，在2020年的时候，只有高速公路，在2025年的时候，将包括"主干道（一级国道等）和二级道路"，而在2030年的时候，则将涵盖其他所有道路。另外，由于各国对完全自动驾驶汽车的接受程度有差异，我们也需要考虑这方面的因素。可以预测其结果是在2030年的时候，自动驾驶功能的搭乘率在日本将为13%，在美国将为30%，而在欧

图15-2 （家庭用）自动驾驶汽车的各国的普及率

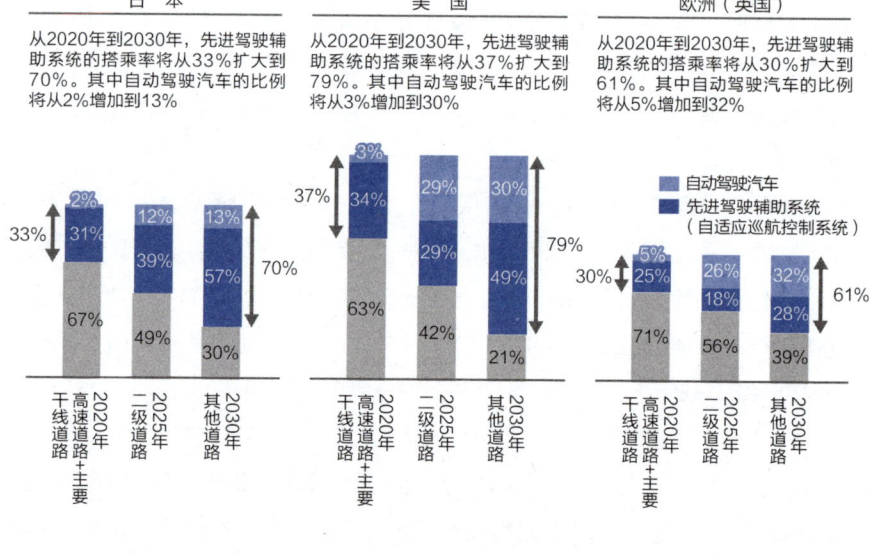

出处：SBD咨询和理特管理顾问有限公司

洲则将为30%左右。

整车制造厂商需要采取的行动

最后，对于为了迎接移动出行服务系统的变革，"跟汽车产业相关的各个企业应该采取怎样的行动"，我们将进行整理。首先我们将指出的是里特咨询日本所考虑的次世代汽车的产业结构（见下页图15-3）。

在技术上，以自动驾驶和电动化为主流的环境应对汽车的出现将成为大拐点，并且各个硬件和软件也将使用全新的接口。另外，提供综合解决方案（模块系统）的机会也将增加。

进一步，作为更上层的概念，连接交通系统的运营和各种交通服务，并提供用户界面等，这样的服务形式将成为汽车相关企业的新的经营机会，或者反过来会对汽车相关企业构成新的威胁。那么在这个过程中，各个企业需要做出怎样的改变呢？

对于整车制造厂商，将出现整车市场的高附加价值汽车（包括以实现自动驾驶为目的的用于移动出行服务的汽车）和低价格汽车的两极分化。现在数量最多的中级轿车的数量将减少，在产品系列上能否做出自己的特色，将成为整车制造厂商能否顺利发展的关键。

另外，对整车制造厂商重要的是，对于在各个地区不同的生态系统中运营的各种移动出行服务，时刻关注它们的市场动向，同时在跟顾客有直接关系的合作伙伴之间，建立良好的关系，还要构建和管理为了提供移动出行服务必需的合作生产方式。在实现方式的自动驾驶上，建立什么样的生态循环系统，以及怎样进行开发，将成为整车制造厂商能否顺利发展的关键。

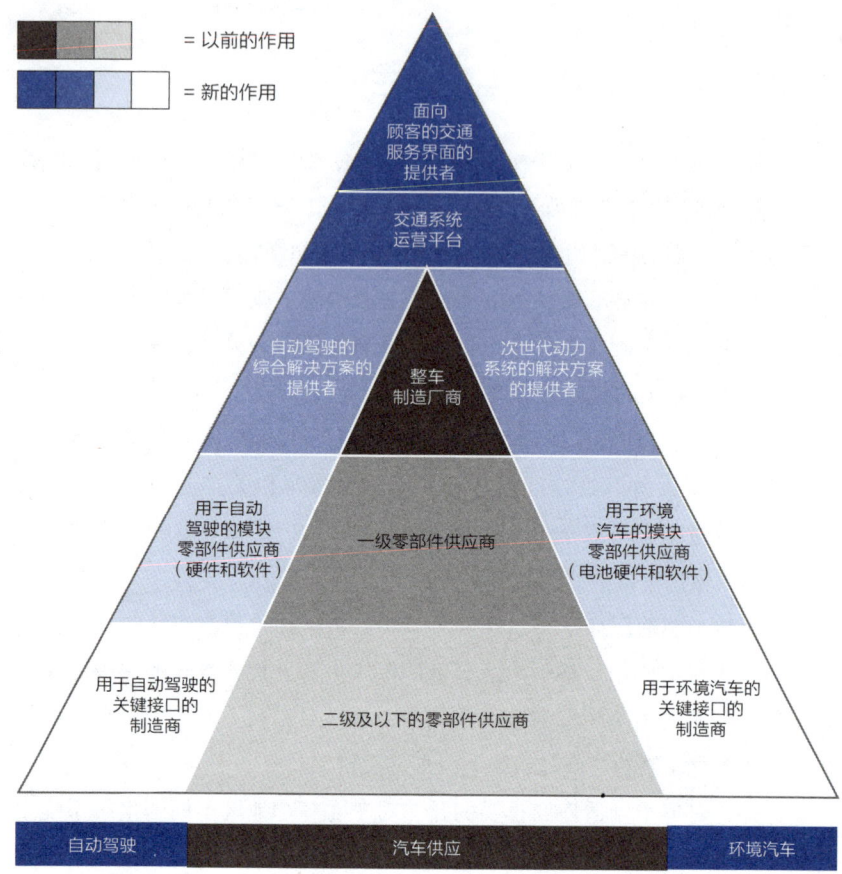

图15-3　次世代汽车的产业结构

= 以前的作用

= 新的作用

面向顾客的交通服务界面的提供者

交通系统运营平台

自动驾驶的综合解决方案的提供者

整车制造厂商

次世代动力系统的解决方案的提供者

用于自动驾驶的模块零部件供应商（硬件和软件）

一级零部件供应商

用于环境汽车的模块零部件供应商（电池硬件和软件）

用于自动驾驶的关键接口的制造商

二级及以下的零部件供应商

用于环境汽车的关键接口的制造商

自动驾驶　　汽车供应　　环境汽车

出处：理特管理顾问有限公司

对于零部件供应商的飞跃性发展的机会

　　另一方面，对于电装系零部件供应商，在自动驾驶技术的新型生态系统蓬勃发展的过程中，则可能提高零部件的销售额和利润。在自动驾驶技术的发展过程中，在越来越标准化的核心领域之外，会出现各种小型市场，不过，即便零部件供应商抓住了这些小型市场，也需要在综合理解整个生态系统的结构和进化方向的基础上，对自己公司将来的经营位置做出决定。在结果上，零部件供应商将在灵活度高的开发平台上，管理增加的商品属性。

为了实现这样的平台化管理，日系零部件供应商必须不再拘泥于自己的强项，而是进一步加强灵活高效的商品开发体制，并且进一步加强交货期的应对能力，同时还要不再依靠从前的人海战术，通过进一步实现开发环境数据化等，从开始开发的阶段，或者考虑商业上的实现方式的阶段，就进行变革。而为了达到这样的目标，零部件供应商必须要做到，不仅要跟现有的整车制造厂商保持良好的关系，而且还要指定若干种合作战略，并且确保能够获得自己公司所欠缺的技术。

如上所述，毫无疑问对于任何一家企业，都需要进行前所未有的自我变革，不过，汽车产业中的不连续变化并不是一瞬间发生的。在目前所建立的与顾客的信赖关系的基础上，将现在正在发生的变化作为一个发展的机会，并积极不断推行组织上的自我变革，能够采用这些行动的企业将成为胜者。作为本章的总结，我们衷心地希望更多的日本企业能将今后10~15年的巨大变化作为一种机会，并且充分加以利用，最终让自己的公司成长为全球性企业，并且一直保持活力。

结束语

正如在本书中所分析的，为了应对自动驾驶和次世代移动出行服务的普及而带来的产业结构的变化，各个公司都需要以转换商业模式为目标，推动自己公司的变革。而为了实现这种企业变革，就需要具备以下六个重要条件（**图1**）。

首先，企业需要规划"以变革商业模式为目标的总体战略"。另外，为了实现这种将来的商业模式，企业还需要定义"次世代移动出行的商品属

图1 面向次世代移动出行商务的企业变革的重要条件

面向次世代移动出行商务的企业变革的重要条件	1. 面向商业模式变革的综合战略	为了进行商业模式的变革，是否已经具备了综合性的具体战略？在这个战略中，是否包括了所有的机能部门，并且已经明确定义了将来的商务模式及组织体制的大致轮廓
	2. 次世代商品的属性	是否已经定义了为了实现将来的商业模式的移动出行的商品属性？这属性是否建立在考察了由技术、顾客、规划和行业结构的进化及数据技术带来的不连续变化的过程的基础上
	3. 必须获得的将来的技术和获得方式	是否已经明确知道了为了实现在移动出行行业中自己的企业将来所处的位置和作用，需要获取哪些必要的相关技术？是否已制定了能够填补现在和未来的差距的方案，及获得新的技术能力的方案，并且是否已将这些措施落实到了具体行动
	4. 推动创新的组织能力	是否以最高管理层旗下的具有凝聚力的形式，正在推动商务模式的革新？是否通过公司内部的智囊团或创新机制等，对不连续变化做好了准备，并且对革新商业模式的方式进行了整合？在开放型创新和设计思考上，是否已经使用了商业模式革新的标准语言
	5. 面向变革的各个机能及组织的计划及预算	是否已经制定了跟商业模式变革的整体战略相统一的各个机能？面相变革的路线图和各个机能的目标是否相吻合？并且在中期的各个机能的预算中，是否已经确保了面向商业模式的变革所需的费用
	6. 面向组织变革的路线图	是否已经制定了全公司的变革路线图，并定期地进行更新？是否已经准备并运营了为了获得新型组织能力的知识产权和资源上的合伙人经营体制？是否已经确立了推动变革的风险管理体制

出处：理特管理顾问有限公司

图2 各个公司的对应情况

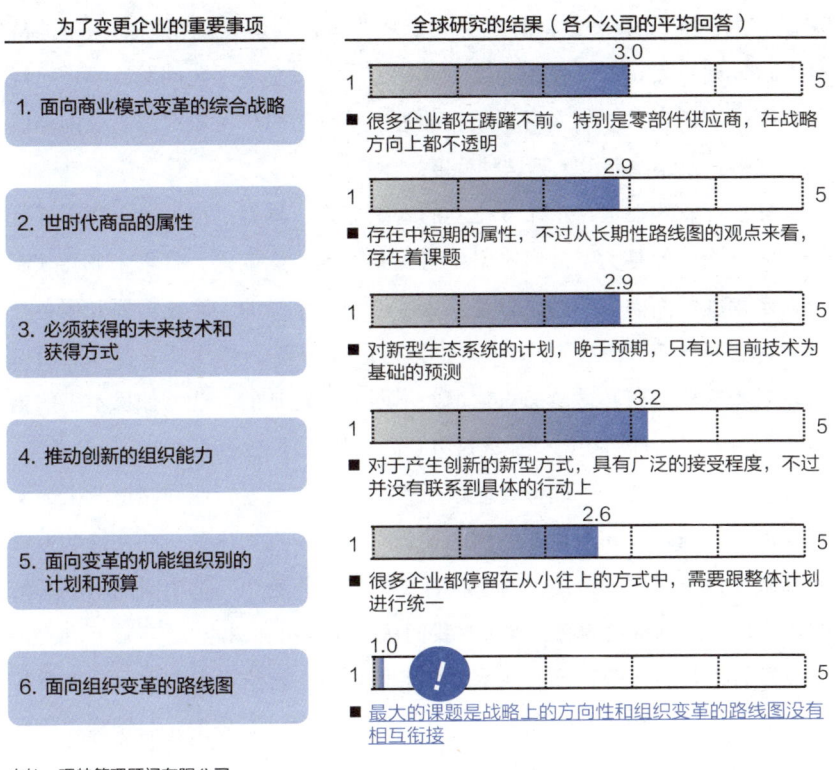

为了变更企业的重要事项	全球研究的结果（各个公司的平均回答）
1. 面向商业模式变革的综合战略	**3.0** — 很多企业都在踌躇不前。特别是零部件供应商，在战略方向上都不透明
2. 世时代商品的属性	**2.9** — 存在中短期的属性，不过从长期性路线图的观点来看，存在着课题
3. 必须获得的未来技术和获得方式	**2.9** — 对新型生态系统的计划，晚于预期，只有以目前技术为基础的预测
4. 推动创新的组织能力	**3.2** — 对于产生创新的新型方式，具有广泛的接受程度，不过并没有联系到具体的行动上
5. 面向变革的机能组织别的计划和预算	**2.6** — 很多企业都停留在从小往上的方式中，需要跟整体计划进行统一
6. 面向组织变革的路线图	**1.0** — 最大的课题是战略上的方向性和组织变革的路线图没有相互衔接

出处：理特管理顾问有限公司

性"。而且在此基础上，企业还需要明确"要获得哪些与将来相关的技术，以及怎样获得"，为了在移动出行服务行业中占据一席之地，并且在这个位置上发挥自己公司的作用，获得所需的技术将是不可缺少的。

为了将一连串的变革蓝图付诸现实，企业需要建立以最高经营层旗下的凝聚力为形式的"能够推动商业模式革新的组织体制"。另外，以机能轴来看，制定"跟变革商业模式的总体战略相统一的各个机能的战略"，对企业也很重要。另外，制定并定期更新涵盖所有要素的"公司组织变革的整体路线图"，也将成为关键。

那么，实际上这些重要条件的进展情况又如何呢？从本公司实施的全球研究的调查结果来看，前面的五个重要条件，即在规划面向变革的战略，以及建立发挥推动作用的组织体制上，虽然存在一些问题，不过已经取得了一定的进展，然而对于最后的为了推动组织变革制定综合性的路线图，很多企业还没能深入到这种程度。

日本企业的强项在于从下往上的组织能力，具有不擅长从上往下进行变革的一面。但是为了应对本书中所提到的不连续变化，日本企业必须制定一定程度的面向变革的大方针。为了达到这个目的，企业需要开展各种以实际数据为基础的讨论，从而让公司内部的各个利益关系者都心悦诚服。对于这样能诚心诚意面对变革并不断采取行动的企业，如果本书的内容能成为他们的行动指南，那么这将是我们的意外之喜。

在本书中，集中了理特管理顾问有限公司在汽车行业和制造业上的实例，以及旅行行业和运输业的国内外公司成员的真知灼见，并在这些内容的基础上进行了归纳总结。对于在百忙的咨询业务中，抽出时间对本书的制作提供合作及帮助的有关人士，我们从心底表示感谢。

最后，我们深深地感谢在本书的企划阶段，就给予我们很多合作及帮助并提供建议的日经BP公司的林达彦先生、小川计介先生、高田隆先生和植村朋子先生，并以此作为本书的结束。

作者介绍

铃木裕人（理特管理顾问有限公司（日本）的合伙人）

作为理特管理顾问有限公司（日本）在汽车行业及制造业等实践领域的领导人，他担当的范围包括为汽车、产业机械、电子和化学等制造业企业提供行业战略和技术战略的策划支援，同时提供经营及业务改革的支援。近几年，不仅在汽车行业，而且在与移动出行相关的领域，为企业提供包括行业构建、结构构建，以及为了应对技术变化所需的转变等方面的各种支援。

立川浩干（原理特管理顾问有限公司（日本）的咨询顾问）

在理特管理顾问有限公司（日本）的时候，担当的范围包括为汽车、机械及FA、电子等制造业企业提供行业战略和技术战略的策划支援，同时提供经营及业务改革的支援，并且制定可实行的战略规划，以及在实行上提供支援、知识产权的管理等。特别是在以汽车和移动出行产业为中心的领域，根据行业的电动化、自动化、服务化等过程中出现的拐点，在企业变革和组织变革上提供多方面的支援。

理特管理顾问有限公司（日本）

理特管理顾问有限公司（ADL）是在1886年由麻省理工学院的阿瑟·D·利特尔创立，是世界上第一家经营管理咨询公司。理特管理顾问有限公司（日本）（ADL日本）作为日本的法人，自1978年成立以来，在这1/4个世纪中，一直在不断地思考"企业应有的经营和技术形态"。

现在，经济已不再具有持续增长的计划性，学习别人的经营决断也已不再是一种安全策略。对于各个企业，市场再次提出了"公司应该具有怎样的经营形态"的问题。企业不仅需要具有符合自己公司特点的聚焦于整体变革的视点，而且还需要具有追求根本变革的精神，这种根本性的革新将横跨战略、战术、组织风气，或者将横跨行业、技术和知识产权。

理特管理顾问有限公司以"怎样实现创新"为轴积累了各种知识和见解，并在此基础上，对于越来越高度化和越来越复杂化的经营课题，从正面提供解决方案。

律师声明

北京市中友律师事务所李苗苗律师代表中国青年出版社郑重声明：本书由日本日经BP社授权中国青年出版社独家出版发行。未经版权所有人和中国青年出版社书面许可，任何组织机构、个人不得以任何形式擅自复制、改编或传播本书全部或部分内容。凡有侵权行为，必须承担法律责任。中国青年出版社将配合版权执法机关大力打击盗印、盗版等任何形式的侵权行为。敬请广大读者协助举报，对经查实的侵权案件给予举报人重奖。

侵权举报电话

全国"扫黄打非"工作小组办公室　　中国青年出版社

010-65233456　65212870　　010-50856028

http://www.shdf.gov.cn　　E-mail: editor@cypmedia.com

版权登记号：01-2019-1568

图书在版编目（CIP）数据

便携型/移动性人工智能进化论：未来的无人驾驶与交通服务/日本理特管理顾问有限公司著；张瑞林译
.— 北京：中国青年出版社，2019.8

ISBN 978-7-5153-5564-1

I.①便… II.①日… ②张… III.①汽车驾驶-无人驾驶-研究 IV.①U471.1

中国版本图书馆CIP数据核字（2019）第067266号

便携型/移动性人工智能进化论
——未来的无人驾驶与交通服务

[日] 理特管理顾问有限公司 / 著　　张瑞林 / 译

出版发行：	中国青年出版社	印　刷：	三河市文通印刷包装有限公司	
地　址：	北京市东四十二条21号	开　本：	880×1230　1/32	
邮政编码：	100708	印　张：	5.5	
电　话：	（010）50856188 / 50856189	版　次：	2019年10月北京第1版	
传　真：	（010）50856111	印　次：	2019年10月第1次印刷	
企　划：	北京中青雄狮数码传媒科技有限公司	书　号：	ISBN 978-7-5153-5564-1	
		定　价：	49.90元	

策划编辑：　张　鹏

责任编辑：　张　军

封面设计：　乌　兰

本书如有印装质量等问题，请与本社联系
电话：（010）50856188 / 50856189
读者来信：reader@cypmedia.com
如有其他问题请访问我们的网站：www.cypmedia.com